© 2018 Thomas Kahn

3. Auflage (27.10.2018)

Selbstverleger: Thomas Kahn, Seelingstr. 34, 14059 Berlin, Deutschland

Druck: Amazon Media EU S.à r.l., 5 Rue Plaetis, L-2338, Luxembourg
Druckerei: Siehe letzte Seite.

ISBN: 978-1-7287-3010-3

www.lernapotheke.de
www.basiskarten.de

Bibliografische Information der Deutschen Nationalbibliothek:
Die Deutsche Nationalbibliothek verzeichnet diese Publikation in der Deutschen Nationalbibliografie; detaillierte bibliografische Daten sind im Internet über http://dnb.d-nb.de abrufbar.

Vorwort

Das Jura-Studium gehört noch immer zu den härtesten Studiengängen Deutschlands. Von Anfang an wird erwartet, dass man sich riesige Stoffmengen einverleibt und diese dann idealerweise auch noch bis zum Examen behält. Während die Anforderungen klar sind, erklärt den Studenten oft niemand, wie sie dieses hohe Lernziel eigentlich erreichen können. Dazu darf man sich dann auch noch von Spezialisten wie dem ehemaligen BGH-Vorsitzenden Thomas Fischer anhören, dass das Studium doch eigentlich „leicht" sei.[1] Mich erinnert das ein wenig an die Kommilitonen, die nach der Klausurrückgabe immer das dringende Bedürfnis hatten, mitzuteilen, dass sie für ihre 10 Punkte „echt nur drei Tage gelernt" haben.

    Ich gönne es jedem, der unser Fach als leicht empfindet und dem Jura einfach in den Schoß fällt. Das tue ich tatsächlich. Mir selbst ging es aber nicht so. Ich fand unser Fach gerade in der Examensvorbereitungszeit äußerst anspruchsvoll und fordernd. Wenn ich mir dazu die Durchfallquoten und Abschlussnoten dieser Prüfungen so ansehe, würde ich vorsichtig schätzen, dass die allermeisten Studenten eher meine Einschätzung teilen als die von Herrn Fischer.

    Dieses Buch ist ein bewusster Gegenentwurf zu der Vorstellung, dass man entweder als guter Jurist geboren wird (und darum ohne Anstrengung

---

[1] www.zeit.de/campus/2014/06/thomas-fischer-jurastudium-vorurteile-auswendig-lernen

gute Noten schreibt) – oder eben nicht. Ich bin davon überzeugt, dass wir großen Einfluss auf unsere eigene Leistungsfähigkeit haben; dass es möglich ist, ein guter Student und ein guter Jurist zu *werden*, auch wenn wir uns an der Universität zunächst schwertun, weil wir noch gar nicht richtig wissen, wie man eigentlich studiert. Ich denke, dass ich euch insofern einige Ratschläge geben kann, weil ich mich selbst von einem Chaoten, der vor lauter Faulheit in Staatsrecht I und II durchgefallen ist, zu jemandem entwickelt habe, der sein erstes Examen mit einem „gut" und sein zweites mit einem „vollbefriedigend" abschließen konnte. Wer mich schon zu Schulzeiten kannte, hätte das wahrscheinlich eher nicht erwartet. Diesen Unterschied in meiner Leistung führe ich vor allem darauf zurück, dass ich mehr ausprobiert habe als andere und dabei glücklicherweise auf einige Techniken gestoßen bin, mit denen ich meine eigenen Lernprobleme – von denen es viele gab – gut in den Griff bekommen habe. Durch diese Techniken konnte ich meine eigene Leistungsfähigkeit enorm steigern. Wenn dieses Buch euch dabei hilft, gute Lösungen für eure Lernprobleme zu finden, und auch ihr dadurch mehr Erfolg habt, freue ich mich sehr.

Lasst mich gerne an euren Erfahrungen teilhaben! Zuschriften und Feedback schickt ihr am besten an: thomas@basiskarten.de.

Inhaltsverzeichnis

Philosophie 1
Aufbau 3
Populäre Lernmythen 5
   Der 10%-Mythos 6
   Die Lerntypentheorie 8
   Verstehen vs. Auswendiglernen 10
Wie schaffe ich es, Wissen dauerhaft zu behalten? 15
   Was sagt die Lernforschung? 17
   Anki 18
   Tipps zu Anki und anderen Karteikartensystemen 23
   Die Normalfallmethode 33
   Aufbauschemata auswendig lernen 35
   Definitionen auswendig lernen 40
   Ein Wort zu Vorlesungen und Übungen 43
   Brauchbare Mitschriften durch Cornell Notes 44
Wie gelingt es mir, mich zu konzentrieren? 47
   Die Situation am Arbeitsplatz 48
   Ablenkung am PC vermeiden 49
   Musik oder Stille? 51
   Zeitmanagement mit der Pomodoro-Technik 52
   Speed Reading? 57
Wie schaffe ich es, regelmäßig zu lernen? 61
   Feste Freizeit 63
   Selbstbindung durch Commitment Devices 64
   Don't break the chain 65

- Accountability Partner 66
- Beeminder 68
- Morgenroutine 70
- Abendroutine 72
- Genügend schlafen 73

Meine eigene Examensvorbereitung 75
- Beginn und Dauer 76
- Rep ja oder nein? 77
- Meine Examensstrategie 78
- Eine typische Woche 79
- Auswertung meiner Aufzeichnungen 81
- Übungsklausuren: Die Geißel des Jura-Studiums 84
- Zuhause oder in der Bib? 89
- Gesamtverlauf 91

Was ich noch sagen wollte 93
- Geschafft! 96

Meinen Eltern,
die immer Vertrauen in mich hatten,
ohne mich unter Druck zu setzen.

Prof. Dr. Michael Ling,
der mir zum ersten Mal die Verantwortung bewusst gemacht hat,
mein Potential auch wirklich auszuschöpfen.

Paul Svihalek,
mit dem ich fast alle Techniken in diesem Buch
ausprobiert und reflektiert habe.

KAPITEL 1

Philosophie

Wie der Titel schon sagt, ist dieses Buch als Apotheke gedacht. Ebenso wie niemand jedes Medikament aus einer Apotheke benötigt, werden auch nur wenige jede Technik benötigen, die ihr in diesem Buch findet.

Eine Kommilitonin von mir (eine hervorragende Juristin, die allerdings etwas hysterisch beim Lernen war) hat einmal, als ich ihr in der Mitte der Examensvorbereitung von einem von mir entwickelten Programm für die Pomodoro-Technik erzählt habe, ganz verzweifelt gerufen: „OH NEIN, DAS HABE ICH BISHER NOCH NICHT EINGESETZT. WIE SOLL ICH DENN JETZT MEIN EXAMEN SCHAFFEN???" Das ist natürlich völliger Quatsch. (Sie hat dann auch mit einem „gut" bestanden, obwohl sie mein Programm erst so spät genutzt hat. :-D)

Ich selbst habe auch nicht jede hier beschriebene Technik dauerhaft während meines gesamten Studiums verwendet. Allerdings habe ich fast alle Techniken getestet und zumindest über einen längeren Zeitraum (und mit Erfolg!) eingesetzt. Wenn dies ausnahmsweise nicht der Fall war, habe ich das besonders vermerkt.

Ein weiteres Mal will ich die Medikamenten-Analogie bemühen. Bitte beachtet: Die Dosis macht das Gift. Was dem einen hilft, kann den anderen nerven oder seine Leistung sogar einschränken. Experimentiert einfach damit, was für euch funktioniert, und nehmt meine Anweisungen als gut gemeinte Ratschläge. Wenn sie euch ebenso helfen wie mir: Gut.

Wenn nicht: Verändert sie so, dass sie für euch passen, oder vergesst sie einfach.

KAPITEL 2

Aufbau

Nun zum Aufbau dieses Buchs. Um erfolgreich im Jura-Studium zu sein, ist es aus meiner Sicht notwendig, gute Antworten auf die folgenden drei Fragen zu finden:

Erste Frage: Wie schaffe ich es, Wissen dauerhaft zu behalten? Diese Kategorie betrifft die Werkzeuge, die ich zum Lernen einsetze. Erstelle ich eigene Skripten aus Lehrbüchern und Mitschriften? Male ich Mindmaps? Schreibe ich Karteikarten? Manche dieser Methoden sind effektiver als andere.

Zweite Frage: Wie gelingt es mir, mich zu konzentrieren, wenn ich am Schreibtisch oder in der Bibliothek sitze und lernen oder eine Hausarbeit schreiben möchte? Was kann ich dafür tun, um diszipliniert zu arbeiten, anstatt mich abzulenken?

Dritte Frage: Wie schaffe ich es, regelmäßig zu lernen? Kontinuierliches Lernen bringt viel mehr als panische Nachtschichten kurz vor der Klausur. Gleichzeitig kostet es weniger Kraft. Dennoch gelingt es vielen Studenten nicht, sich dazu zu motivieren. Wie kann ich das ändern?

Das sind die Kategorien, anhand derer ihr beurteilen könnt, wie stark ihr euer Potential jetzt schon ausschöpft. (Wenn ihr das hier lest, ist da wahrscheinlich noch Luft nach oben. :-D) Indem ihr euch darin verbessert, maximiert ihr eure Chancen darauf, euer Studium am Ende mit einer guten Note abzuschließen. Natürlich gehört dazu – gerade in unserem Fach – auch immer eine ordentliche Portion Glück. Darauf habt ihr leider keinen Einfluss, auf die obigen Kategorien hingegen schon.

KAPITEL 3

Populäre Lernmythen

Jeder von uns hat gewisse Ansichten darüber, was Lernen ist und wie es funktioniert. Leider sind viele verbreitete Vorstellungen völliger Unsinn, weshalb es Sinn macht, zunächst diesen theoretischen Müll aus dem Weg zu räumen, bevor ich darauf eingehe, was ihr besser stattdessen tut. Von diesem Vorgehen profitiert ihr in zweifacher Weise: Zum einen befreit ihr euch von falschen Vorstellungen, die euch schlimmstenfalls davon abhalten, funktionierende Lerntechniken zu finden. Zum anderen seid ihr dadurch besser in der Lage, andere Lernratgeber zu beurteilen. Zumindest die ersten beiden Mythen, die ich euch gleich vorstelle, weiterzuverbreiten, ist eigentlich unverzeihlich, weil sie von der seriösen Lernforschung schon seit Jahrzehnten aktiv bekämpft werden. Unabhängig davon findet man sie immer noch in fast jedem populären Lernratgeber, weil man dort anscheinend völlig unkritisch immer weiter voneinander abschreibt. Der dritte Mythos ist aus meiner Sicht noch schlimmer, weil er mehr Schaden anrichtet. Aber dagegen kann ich bisher nicht die seriöse Lernforschung in Anspruch nehmen.

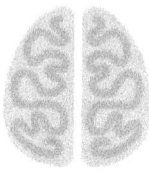

Der 10%-Mythos

Glaubt man einem Großteil der Selbsthilfeliteratur, benutzen wir regelmäßig leider nur 10% (oder 4% oder sogar nur 1%) unseres Gehirns. Aber wir brauchen nicht zu verzweifeln, denn glücklicherweise bietet der jeweilige Lernratgeber Techniken an, um unser ungenutztes Potential endlich voll auszuschöpfen! Wenn wir diese anwenden, sind extreme Fortschritte in unserer Denk- und Leistungsfähigkeit garantiert. Bessere Noten, schnellere Beförderung, ein höher bezahlter Job. *The sky is the limit.* Leider ist diese Behauptung aller Wahrscheinlichkeit nach falsch und zwar aus mindestens zwei Gründen:

1. Es gibt keinerlei empirische Beweise dafür. Der Gedächtnispsychologe Kenneth L. Higbee hat sich einmal die Mühe gemacht und versucht, den Ursprung dieser Behauptung

zu finden.² Seinen Studenten hat er für eine entsprechende Entdeckung sogar zusätzliche Creditpoints versprochen. Dennoch blieb die Suche ergebnislos.

2. Das Gehirn ist das Organ in unserem Körper, das mit Abstand am meisten Energie verbraucht.³ Es wäre evolutionär völlig sinnlos, diese enormen Kosten in Kauf zu nehmen, wenn wir regelmäßig nur 10% davon nutzten. Diese Energie könnte stattdessen wesentlich besser für andere Funktionen genutzt werden.

Interessant ist, dass der Glaube an den 10%-Mythos sogar unter Psychologiestudenten bis heute weit verbreitet ist. An der angenehm klingenden Grundaussage („Wir haben ungenutztes Potential.") ist ja auch gar nichts auszusetzen. (Sonst könntet ihr auch an dieser Stelle aufhören zu lesen.) Ganz im Gegenteil: Ich bin davon überzeugt, dass die allermeisten Menschen ungenutzte Potentiale haben und dass es möglich ist, diese mit einigen innovativen Techniken und Programmen besser auszuschöpfen. Das hat allerdings nichts damit zu tun, dass euer Gehirn bisher im Energiesparmodus gelaufen wäre. Und vor allem gibt es nicht die eine Technik, die auf einen Schlag – und ganz ohne Mühe – all eure Lernprobleme löst. Leider!

---

² Higbee, Kenneth D. L., Your Memory: How It Works and How to Improve It, 3. Auflage (2000), abrufbar unter goo.gl/CjtRHk.
³ www.scientificamerican.com/article/why-does-the-brain-need-s.

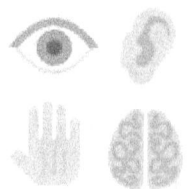

Die Lerntypentheorie

Der eine erinnert sich besser an Lerninhalte, wenn er sie sieht (visueller Typ), der andere, wenn er sie hört (auditiver Typ), der nächste, wenn er sich intellektuell damit beschäftigt (intellektueller Typ) und der letzte, wenn er seinen Schönfelder befummelt (haptischer Typ). So oder so ähnlich findet ihr die Lerntypentheorie bis heute in so ziemlich jedem Lernratgeber, dem Widerstand der seriösen Lernforschung zum Trotz.[4] Was sich auf den ersten Blick plausibel anhört (und dem Ratgeber-Autor die günstige Gelegenheit verschafft, sein Manuskript durch einen Selbsttest zur Bestimmung des eigenen Lerntyps aufzulockern), ist leider nichts anderes als Pseudowissenschaft, die bestenfalls nicht schadet, aber jedenfalls auch nicht hilft:

1. Die Theorie ist empirisch nicht belegt, was bei ihrer allumfassenden Verbreitung unbedingt zu erwarten wäre. Die meisten der zu diesem Thema durchgeführten Studien deuten hingegen sogar in die entgegengesetzte Richtung, also dahin, dass es keine unterschiedlichen Lerntypen gibt.
2. Die Einteilung in die verschiedenen Typen ist unsinnig. Während der auditive, visuelle und haptische Lerntyp den Sinneskanal beschreiben, über den die Information aufgenommen wird, betrifft der intellektuelle Lerntyp die gedankliche Auseinandersetzung mit dem jeweiligen Inhalt. Das ist zunächst

---

[4] Looß, Maike, Lerntypen? Ein pädagogisches Konzept auf dem Prüfstand, goo.gl/VC1rUh; Pashler et al., Learning Styles: Concepts and Evidence in: Psychological Science in the Public Interest, 2009 (3), 105, https://goo.gl/jAV2sc; Kurzübersichten: Medicalexpress.com, Learning styles debunked, goo.gl/6V5s7k; Wired.com, All You Need to Know About the 'Learning Styles' Myth in Two Minutes, goo.gl/H7DGAm.

einmal Pech für den haptischen Typ, weil der (abgesehen von Blindenschrift) schon keine Möglichkeit hat, juristische Inhalte in der für ihn günstigen Weise auch nur aufzunehmen. Doch auch visuelle und auditive Typen haben in unserem Fach ein Problem: Zwar können sie sich alles immer wieder anschauen oder anhören, aber auch sie werden nicht umhinkommen, die meiste Zeit für die intellektuelle Auseinandersetzung mit dem Lernstoff aufzuwenden, vorausgesetzt, sie wollen auch nur die erste Klausur bestehen. Bei den verschiedenen „Typen" handelt es sich einfach um unterschiedliche Aspekte eines zusammengehörenden Vorgangs, die gedanklich nicht einfach auseinandergerissen und bestimmten Gruppen von Menschen zugeordnet werden können.

3. Meine Hauptkritik an der Lerntypentheorie aber ist, dass sie eines dieser klassischen Placebos der „Lernen lernen"-Ratgeber-Literatur ist. Nachdem man den Selbsttest ausgefüllt und den eigenen Lerntyp „erkannt" hat, fühlt man sich kurzzeitig besser, aber auf Dauer hat es einfach keinen Effekt, dieses Ergebnis in den eigenen Lernalltag zu integrieren. Die allermeisten kommen deshalb früher oder später (eher früher) wieder davon ab. Das frustriert Schüler und Studenten und es frustriert mich, weil dadurch der Eindruck erweckt wird, als ob es keine wirksamen Lerntipps gäbe.

Mein dringender Rat lautet deshalb: Lerntypentheorie links liegen lassen. Wir sind einfach nicht so unterschiedlich und besonders wie landläufig gerne angenommen.

Ebenso unfundiert wie die Lerntypentheorie ist übrigens die häufig zu lesende Behauptung, dass wir beim Lernen durch Hören nur ca. 20% im Langzeitgedächtnis behalten, beim Lernen durch Sehen immerhin 30%, bei der aktiven Anwendung des Gelernten aber bis zu 90% (wobei die Prozentzahlen auch gerne geändert oder vertauscht werden). Auch für diese Theorie gibt es nur selten eine konkrete Quellenangabe, dafür häufig den generellen Verweis auf „Fachleute" oder „Lernforscher". Die Zahlen, die wohl unabhängig von dem jeweiligen Lernstoff generell gültig sein sollen, sind einfach völlig willkürlich gewählt.[5]

Verstehen vs. Auswendiglernen

Wer ein paar Semester Jura studiert hat, dürfte mit Fragen wie „Lernt ihr da das Gesetz auswendig?" bestens vertraut sein. (Oft so sehr, dass man sich schon eine Standard-Antwort zurechtgelegt hat, die man dann immer wieder leicht verändert abspult.) Trotz – oder vielleicht wegen – dieses Klischees hat das Auswendiglernen in unserem Fach einen schlechten Ruf. Es ist nicht schwer, Gegner dieses Ansatzes zu finden.

Aus dem bereits im Vorwort erwähnten Interview der Zeit mit dem ehemaligen BGH-Vorsitzenden Thomas Fischer:

> *Die Studenten sitzen in der Vorlesung Strafrecht Allgemeiner Teil und möchten ein Schema mitgeteilt bekommen, mit dem man einen einfachen Strafrechtsfall lösen kann. Das Schema schreiben sie auf eine Karteikarte, zusammen mit wichtigen Begriffen und Definitionen. Die Karten versuchen sie später auswendig zu lernen. Das ist grob falsch. [...] Wer so lernt, wird nicht sehr schlau.*

Barbara Lange in „Jura-Studium erfolgreich" (5. Auflage, S. 312 f.):

> *Verstehen oder Auswendiglernen. Viele Studierende verstehen unter Lernen das aus der Schule bekannte Auswendiglernen. Ein Juraprofessor sagte einmal, dass er im Studium glaubte ein schlechtes Gedächtnis zu haben und er deswegen von Anfang an versuchte, den Stoff auch zu verstehen. Dies sei letztlich ein großer Vorteil gewesen. Für Lernstoff, der nicht verstanden wurde, findet das Gehirn sozusagen keinen richtigen Speicherplatz. Dieser Stoff »irrt im Gehirn herum« und kann daher nur sehr schlecht langfristig behalten werden.*

---

[5] Looß, Maike, Lerntypen? Ein pädagogisches Konzept auf dem Prüfstand, S. 8 f., goo.gl/VC1rUh;

Eine für das Jurastudium sehr wichtige Erkenntnis der Lernpsychologie lautet:

> ☞ **Lernstoff wird wesentlich besser behalten, wenn man versucht, den Stoff zu verstehen, anstatt ihn auswendig zu lernen.**

Prof. Ingeborg Puppe zeigt mehr Verständnis, plädiert aber letztlich ebenfalls dagegen:

> *Die sog. Aufbauschemata sind nichts anderes als mehr oder weniger umfangreiche, mehr oder weniger allgemein anwendbare Programme zur Lösung bestimmter Aufgaben, nämlich zur Entscheidung von Einzelfällen. Um die mit Recht so gefürchteten Aufbaufehler zu vermeiden, lernen viele Studenten solche Aufbauschemata auswendig, um dann im Ernstfall der Klausur die im Schema vorgesehenen Schritte nacheinander mit der Beflissenheit und Pedanterie auszuführen, mit der man nach einem Kochbuch ein neues Rezept nachkocht. Sie glauben damit Zeit zu sparen. Das ist ein Irrtum. Wer sich die logischen Zusammenhänge, die in einem solchen Aufbauschema ausgedrückt sind, einmal klar gemacht hat, wird jedenfalls gewisse grobe Aufbaufehler nie mehr begehen, auch wenn er das Schema vergessen hat. (Kleine Schule des juristischen Denkens, 2. Auflage, S. 214 f.)*

Immer wieder wird das dumme, mechanische Auswendiglernen dem intelligenten, menschlichen Verstehen gegenübergestellt. Ach, wenn diese beschränkten Studenten doch endlich erkennen würden, dass sie nur ihren Verstand einsetzen müssten, anstatt sich blind ihre Karteikarten in den Kopf zu prügeln! Dann wären all ihre Lernprobleme mit einem Mal erledigt! Schade, dass sich die Gegenvorschläge dieser Skeptiker dann oft darauf beschränken, „viele Fragen zu stellen" und „zu verstehen".

Natürlich, Auswendiglernen ist kein Allheilmittel. Wenn es mir nicht gelingt, das Wissen, das ich mir vorher mühsam angeeignet habe, sinnvoll in die Klausur zu integrieren, habe ich nichts davon. Auch ist Auswendiglernen nicht immer sinnvoll. Wenn ich z.B. für einen Geschichtstest lerne, werde ich mir sicher nicht den Wortlaut meines Geschichtsbuchs einprägen, sondern möglichst die darin beschriebenen Inhalte. Wir sind uns also einig, dass es manchmal unsinnig ist, Dinge auswendig zu lernen. Darüber hinaus ist die Kritik am Auswendiglernen aber oft völlig überzogen:

- Was man einmal verstanden hat, vergisst man nicht mehr, richtig? Falsch! Zwar wird man Inhalte, die man verstanden hat (d. h. bei denen man nachvollziehen kann, in welcher Beziehung sie zu anderen stehen), langsamer vergessen, weil man sie sich besser merken kann, aber das alleine genügt nicht. Nur Wiederholung schützt auf Dauer davor, Dinge zu vergessen.
- Es gibt vieles in unserem Studium, das man überhaupt nicht verstehen kann. Vieles muss einfach gewusst werden. Bestimmte Definitionen müssen einfach sofort gekonnt werden, weil ihr keine Zeit habt, euch diese erst in der Klausur mühsam herzuleiten oder irgendwelche Gesetzesregeln nachzuschlagen. Die Basics müssen einfach sitzen. Es reicht nicht, sie mal gelesen und nachvollzogen (= verstanden) zu haben, wenn ihr sie danach wieder vergesst.
- Auswendiglernen bringt nichts? Unsinn.

Anstatt euch von der Negativität mancher Professoren runterziehen zu lassen, lest euch lieber durch, was der amerikanische Richter Michael Cummins („Judge Mike"), der ein Repetitorium für das amerikanische Bar Exam anbot, zu diesem Thema zu sagen hat. (Leider ist das entsprechende Video nicht mehr online, daher kann ich es euch nicht mehr zeigen. ☹) Judge Mike erklärt euch zwar nicht, wie ihr lernt (das tue ich gleich), aber er erläutert, warum Auswendiglernen so wichtig ist. Außerdem ist er auch einfach unterhaltsam und sehr motivierend:

> *Now we're gonna talk about something that is exceedingly important. There are very few subjects that we're gonna be discussing that are any more important than this. And that is the subject of memorization. Ladies and Gentlemen, the bar exam is a memorization game. Let me say it again: The bar exam is a memorization game. Saying it slightly differently: The bar exam is all about memorization. Memorization really is a form of legal cheating. Kay? If you could take a sheet of paper, if you could take a crib note into the bar exam that had all the rules of law and all the exceptions on it [which] you needed to know that'd be cheating, wouldn't it? And that [would] obviously be illegal, it would be immoral, it would be unethical. Obviously, you're not gonna do that. But you know what's even better than that? It's taking that same information that you'd have in a crib note and putting it in your brain. Lacquering [= Anhämmern] it on the inside of your brain because it's right there. Right there, ready for you to spit out as soon as you've seen the issue. Why is memorization so important on the bar exam?*

Memorization will increase your speed. Memorization will build your confidence. Memorization will show you off as someone to the grader who knows of which he or she is writing. Memorization will do many, many, many things to enhance your preparation and the quality of your bar exam answer.

Wem das zu amerikanisch ist, der kann sich darauf besinnen, dass die Gedächtniskunst schon in der Antike fester Bestandteil des Rhetorikunterrichts war. Sie wurde von den großen Gelehrten des Mittelalters wie Albertus Magnus oder Thomas von Aquin genutzt und weiterentwickelt, bis ein übertriebener Rationalismus sie plötzlich zur Rivalin des Verstehens erklärte und verwarf. Diese Dichotomie zwischen Auswendiglernen und Verstehen ist falsch und destruktiv, weil sie uns daran hindert, effektiv zu lernen. Sie sollte deshalb selbst verworfen werden! Verstehen kann ich nur, was ich weiß (weil ich es vorher auswendig gelernt habe). Die Griechen brachten das sehr schön zum Ausdruck, indem sie Mnemosyne (= die Göttin des Gedächtnisses) zur Mutter der neun Musen (= den Schutzgöttinnen der Künste) erhoben. Unter den Musen befindet sich auch Kalliope, die unter anderem für die Philosophie und die Wissenschaft zuständig ist. *Das* ist das richtige Verhältnis zwischen Auswendiglernen und Verstehen.

Wer sich für die Geschichte der Mnemotechnik interessiert, dem möchte ich an dieser Stelle das ebenso hervorragende wie ungewöhnliche Buch *Esels Welt* des Historikers Ulrich Voigt ans Herz legen.

Forgetting is like radiation: you cannot smell it, you cannot taste it, and when you finally notice its power, the damage is already irreversible.

– Dr. Piotr Wozniak, Erfinder des SuperMemo-Algorithmus

Spaced Repetition est mater studiorum.

– Lateinisches Sprichwort (updated)

Bist du nicht der Typ, der Anki erfunden hat?

– Wohlmeinende, ahnungslose Studenten der Uni Mainz

Kapitel 4

Wie schaffe ich es, Wissen dauerhaft zu behalten?

In meiner Studienzeit habe ich viele verschiedene Techniken ausprobiert, um Wissen in meinen Kopf zu verfrachten und es dort zu halten. In den ersten Semestern habe ich eigene Skripten erstellt, die ich mir aus Vorlesungsmitschriften, -unterlagen und Lehrbüchern zusammengeschrieben habe. Zur Mitte des Studiums bin ich dann dazu übergegangen, (digitale) Mindmaps zu erstellen. Und schließlich, gegen Ende, in der Zeit der Examensvorbereitung, habe ich angefangen, das gesamte Examenswissen in das Karteikartenprogramm *Anki*[6] einzugeben und damit zu wiederholen. Nebenbei habe ich damals (ca. 2012) die *Jura-Vorlagen für Anki*[7] entwickelt, ein Plug-In, das dieses Programm für Jurastudenten besser nutzbar macht. Aus dieser letzten Phase meines Studiums sind dann 2015 während meines Referendariats die *Basiskarten Jura*[8] entstanden. Unter diesem Titel biete ich die von mir damals erarbeiteten Inhalte nun anderen Studenten an. Während meines Referendariats habe ich ebenfalls weiter auf Anki gesetzt.

Dass ich bei Anki gelandet (und geblieben) bin, ist kein Zufall. Vor meiner Examensvorbereitung habe ich mich intensiv mit den Ergebnissen der Lernforschung beschäftigt, um sicherzugehen, dass ich tatsächlich alle mir zu Verfügung stehenden Mittel ausnutze, um mich optimal auf das Examen vorzubereiten. Da ich noch nie über einen so langen Zeitraum Wissen behalten musste, schien mir das eine gute Idee zu sein, bevor ich in diese letzte Etappe meines Studiums starte. Nachfolgend will ich deshalb zunächst kurz den Stand der Lernforschung wiedergeben, wonach ich anschließend bestimmte Programme und Techniken bewerte und empfehle.

---

[6] apps.ankiweb.net.
[7] thomaskahn.de/jura-vorlagen.
[8] basiskarten.de.

Was sagt die Lernforschung?

Vor allem folgendes: Die Schwierigkeit beim Lernen liegt nicht so sehr darin, Wissen aufzunehmen, sondern darin, dieses anschließend auch zu behalten, anstatt es wieder zu vergessen. In einem Satz zusammengefasst sagt sie uns: Use it or lose it! Das heißt: Wenn wir verhindern wollen, dass wir etwas vergessen, haben wir genau eine Möglichkeit: Wir müssen dieses Wissen wiederholen, d.h. uns in irgendeiner Form erneut damit auseinandersetzen.

Glücklicherweise hat die Lernforschung auch herausgefunden, wie wir wiederholen sollten, um die größtmögliche Wirkung zu erzielen. Sich damit zu beschäftigen, ist sinnvoll: Je effektiver die einzelne Wiederholung, desto weiter wird der Vergessenszeitpunkt dadurch nach hinten verschoben; desto weniger Beschäftigung mit dem Stoff ist notwendig, um ihn im Kopf zu behalten. Zwei Erkenntnisse sind hier besonders wichtig:[9]

1. Der *Spacing Effect* sagt euch, *wann* ihr eine Information wiederholen solltet: Möglichst kurz vor dem Moment, in dem ihr sie wieder vergesst. Je mehr Zeit vergangen ist, seitdem ihr euch das letzte Mal mit dem Stoff beschäftigt habt, desto effektiver ist die Wiederholung (jedenfalls solange ihr die Information noch nicht wieder ganz vergessen habt).
2. Der *Testing Effect* beschreibt, *wie* ihr wiederholen solltet: Es bringt viel mehr, sich aktiv mit dem Lernstoff zu beschäftigen (indem ihr Fragen dazu beantwortet), als alles noch einmal

---

[9] Kahn, Thomas, Spaced Repetition Software im Jura-Studium, Abschnitt „I.1 Lernpsychologische Grundlagen", www.jurpc.de/jurpc/show?id=20140180.

passiv zu lesen, die wichtigsten Stellen zu markieren oder den Text sogar noch einmal selbst zusammenfassen.[10] (Erstaunlich, oder?) Die potenteste Art der Wiederholung ist tatsächlich, zu *testen*, ob ihr Fragen zu dem Lernstoff beantworten könnt.

Anki

Es gibt verschiedene Möglichkeiten, die beiden genannten Effekte auszunutzen. Die bisher beste ist aus meiner Sicht noch immer das Karteikartenprogramm Anki, das unter anderem auch schon dazu genutzt wurde, um bei der Gameshow „Jeopardy" zu gewinnen.[12] Anki ist zunächst einmal einfach ein Karteikartenprogramm. Es läuft auf PCs, Macs, Android-Smartphones und iPhones/iPads. (Natürlich wird dein Lernfortschritt zwischen diesen Geräten synchronisiert.) Ihr gebt den Stoff in Anki als Frage- und Antwortpaare ein und wiederholt eure Karteikarten, indem ihr versucht, die Fragen richtig zu beantworten. Anschließend sagt ihr Anki dann, wie gut ihr euch an die richtige Antwort erinnern konntet:

   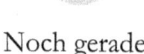   

1: Gar nicht.   2: Noch gerade so.   3: Gut.   4: Viel zu leicht!

---

[10] Besser büffeln, Studie zu Lerntechniken, Frankfurter Allgemeine Zeitung vom 15.01.2013, www.faz.net/aktuell/beruf-chance/studie-zu-lerntechniken-besser-bueffeln-12025563.html.
© Anki Logo: Alex Fraser, Lizenz: CC-GNU-GPL, phatcore.com/portfolio/logos.php.
[12] youtu.be/nitPHZNnUNU.

Aus euren Angaben berechnet Anki, wann ihr die Information wieder vergesst. In Anki sieht das so aus:[13]

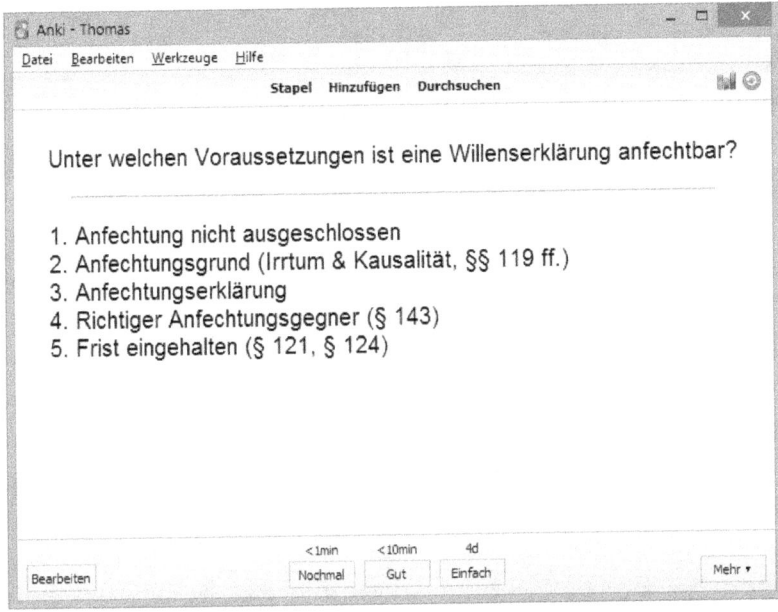

Kurz vor Moment des Vergessens fragt Anki euch dann wieder ab und stellt euch erneut die Frage, wie gut ihr euch erinnern konntet. Die Abstände zwischen den einzelnen Wiederholungen wachsen dabei in der Regel schnell:

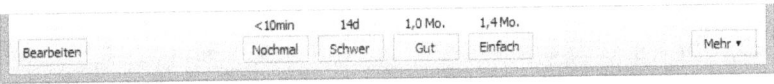

In dem nachfolgenden Diagramm lässt sich das noch einmal gut erkennen. Die verschiedenen Wiederholungen werden dabei durch die schwarzen Pfeile dargestellt:

---

[13] Hier als Video: youtu.be/vmST-L-7yXc.

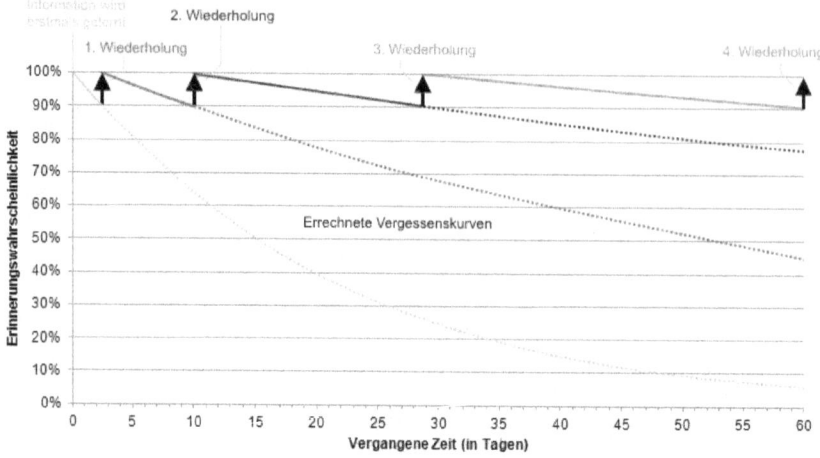

Erst kurz bevor die Erinnerungswahrscheinlichkeit zu stark (hier unter ca. 90%) absinkt, wird die Information wiederholt. Weil Anki so spät wiederholt, sind die Abstände zwischen den einzelnen Wiederholungen so groß wie möglich. Auf diese Weise wird der Spacing Effect ausgenutzt. Die einzelnen Wiederholungen haben dadurch die größtmögliche Wirkung. Mit jeder Wiederholung wird die Erinnerung tiefer in deinem Gedächtnis verankert. Die Vergessenskurve nimmt deshalb immer seichter ab (vgl. oben z.B. die erste Kurve links mit der in der Mitte beginnenden).[14]

Was bedeutet das für euch?

1. Ihr könnt euch sicher sein, dass ihr alles Gelernte auch behaltet. Unmittelbar vor meinem ersten Staatsexamen hatte ich eine Erinnerungsrate von 85-97% (je nach Rechtsgebiet) bei insgesamt ca. 8000 Karteikarten. Das gibt enorm viel Selbstbewusstsein in den Klausuren.
2. Ihr verbringt nur so viel Zeit mit dem Stoff, wie unbedingt erforderlich – nicht mehr. Ihr müsst euch nicht selbst darum kümmern, was ihr wann wiederholt, und braucht nicht darauf

---

[14] Diese Animation illustriert das sehr gut: youtu.be/ai2K3qHpC7c.

aufzupassen, dass ihr ungeliebte Rechtsgebiete nicht vernachlässigt. Anki zeigt euch nur die Karten, die ihr sonst wieder vergessen würdet. Was ihr noch sicher beherrscht, wird nicht wiederholt. So wird eure Lernzeit optimal genutzt.

3. Die allermeisten Karteikartensysteme (auch z.B. BrainYoo und Repetico) planen ihre Wiederholungen nach dem sog. Leitner-Algorithmus. Das ist gut, aber Anki ist besser: Es kann besser einschätzen, wann ihr eine Information wieder vergesst und wann ihr sie wiederholen solltet, um das zu verhindern.[15] Das liegt daran, dass Anki nicht nur abfragt, *ob* ihr dazu in der Lage seid, die richtige Antwort zu geben (zwei Antwortmöglichkeiten: ja/nein), sondern auch berücksichtigt, *wie leicht* euch das gefallen ist (vier Antwortmöglichkeiten: falsch/schwer/gut/sehr leicht). Schwierige Fragen werden häufiger wiederholt, einfache erst später. So verbringt ihr weniger Zeit mit Informationen, die ihr bereits sicher beherrscht (weil die seltener abgefragt werden) und vergesst schwierigeres Wissen seltener (weil es häufiger wiederholt wird).

Eine Warnung

Trotz dieser Vorteile ist das Programm nicht perfekt, da es recht komplex ist und Benutzer am Anfang abschrecken kann. Auch könnte es schöner designt sein. Aber wer sich darauf einlässt und regelmäßig damit lernt, profitiert davon enorm. Ihr solltet ihm deshalb eine echte Chance geben! Das gilt umso mehr, wenn man es mit anderen Lernstrategien vergleicht:

Vergleich mit anderen Lernstrategien

Was ist zu anderen populären Lernstrategien wie dem mehrmaligen Lesen eines Textes, dem Markieren der wichtigsten Stellen oder dem Anfertigen eigener Zusammenfassungen zu sagen? Speziell zu diesen drei Ansätzen

---

[15] Kahn, Thomas, Spaced Repetition Software im Jura-Studium, Abschnitt „I.5 5. Traditionelle und moderne Spaced Repetition Systeme", www.jurpc.de/jurpc/show?id=20140180.

zunächst, dass sie stark überschätzt sind und nicht viel bringen.[16] Und was ist mit Mindmaps? Die eignen sich meiner Meinung nach tatsächlich sehr gut dazu, um die Struktur eines Rechtsgebiets darzustellen. Aber auch dieser Ansatz leidet – wie die drei vorgenannten – an einem gravierenden Defizit, das mich schließlich dazu bewegt hat, mich davon abzuwenden und ganz auf Anki zu setzen. Wenn ihr bei meiner Beschreibung der Ergebnisse der Lernforschung oben aufgepasst habt, wisst ihr, worin es besteht: Die Frage ist weniger, wie ihr möglichst viel Wissen in euren Kopf bekommt, als eher, wie es euch gelingt, dieses anschließend dort zu halten, anstatt es wieder zu vergessen. Das geht nur durch Wiederholung. Aber weder Lehrbücher noch eigene Skripte noch Mindmaps lassen sich danach sortieren, was ihr schon wisst und was nicht. Ihr seid immer dazu gezwungen, selbst einzuschätzen, was ihr bereits wie gut beherrscht, und lauft stets Gefahr, euch vorrangig mit dem Stoff zu beschäftigen, den ihr schon draufhabt, während ungeliebte Gebiete vernachlässigt und vergessen werden.

Die Wiederholung des Lernstoffs also ist es, die den Flaschenhals in unserem System darstellt. Und wenn es darum geht, so effizient wie möglich zu wiederholen, dann sind Karteikartenprogramme wie Anki einfach das mit Abstand beste Mittel, Ende der Diskussion. Es ist deshalb genau umgekehrt wie von Herrn Fischer behauptet: Wer mit Karteikarten lernt, wird *sehr* schlau.

---

[16] Besser büffeln, Studie zu Lerntechniken, Frankfurter Allgemeine Zeitung vom 15.01.2013, www.faz.net/aktuell/beruf-chance/studie-zu-lerntechniken-besser-bueffeln-12025563.html.

Tipps zu Anki und anderen Karteikartensystemen

Wie bediene ich Anki?

Es wäre sehr ineffizient, wenn ich euch die Bedienung von Anki an dieser Stelle mit Screenshots erklären würde. Zu diesem Zweck habe ich deshalb einen YouTube-Workshop erstellt, der euch von der Installation über die Wiederholung bis hin zum Erstellen eigener Karteikarten alles erklärt. Ihr findet ihn unter basiskarten.de/anleitung.

Nur auf ein „Feature" von Anki möchte ich schon an dieser Stelle hinweisen, weil es die Leute am Anfang immer verwirrt: Falls ihr das Problem habt, dass ihr neue Karten erstellt habt, aber diese euch einfach nicht angezeigt werden, dann liegt das an der Funktion „Verwandte Karten nicht am selben Tag lernen/wiederholen, sondern bis zum Folgetag zurückstellen". Ihr findet diese in den Stapeloptionen. Um dahin zu kommen, klickt ihr im Anki-Hauptmenü rechts auf das Zahnrad neben dem jeweiligen Stapel und wählt „Optionen" aus. Dann findet ihr diese Funktion einmal unter dem Reiter „Neue Karten" und einmal unter „Wiederholungen" (jeweils ganz unten). An beiden Stellen gehört sie deaktiviert!

Wie sieht mein Arbeitsablauf aus, wenn ich Anki im Studium einsetze?

Die Arbeit mit Anki (oder auch mit anderen Karteikartenprogrammen) besteht aus zwei grundsätzlichen Schritten:

1. Ihr erstellt neue Karteikarten (aus Skripten, Lehrbüchern oder Vorlesungsmitschriften) oder kauft meine fertigen Basiskarten-Stapel.
2. Ihr lernt jeden Tag die Karten, die Anki euch vorsetzt. Das sind zum einen die, von denen das Programm berechnet hat, dass ihr sie sonst wieder vergessen würdet (fällige Karten), und zum anderen die, die ihr an diesem Tag zum ersten Mal seht (neue Karten).

Ein paar Tipps zur Wiederholung eurer Karteikarten

- Wiederholt möglichst jeden Tag! Nur wenn ihr Anki regelmäßig einsetzt, könnt ihr euch darauf verlassen, dass alles Wissen auch in eurem Kopf bleibt, da nur dann der Algorithmus funktioniert. Natürlich ist es kein Problem, wenn ihr euch z.B. das Wochenende oder zumindest den Sonntag frei nehmt. Das habe ich auch getan. Aber ihr solltet dann für den Montag mehr Zeit einplanen. Gegen Ende meiner Examensvorbereitung (als ich schon fast 8.000 Karteikarten mit Anki erstellt hatte) habe ich pro Tag oft min. 2 h mit der Wiederholung der fälligen Karteikarten verbracht (an Montagen entsprechend das doppelte). Das ist viel Zeit. Dafür brauchte ich mir aber auch selbst überhaupt keine Gedanken darum zu machen, was ich wann wiederhole. Ich wusste: Anki setzt mir genau das Wissen vor, das ich wiederholen muss, um es nicht zu vergessen.
- Seid ehrlich bei der Bewertung eurer Antwort! Manche sind zu ängstlich und trauen sich nie, etwas anderes als 2 (schwer) zu wählen. Andere wollen bestimmte Karten einfach nicht mehr sehen und schießen sie dann mit 4 (sehr gut) möglichst weit weg. Beides ist falsch. Am häufigsten solltet ihr die Schaltfläche 3 (gut) als Bewertung wählen können. Und wenn euch eine Karte zu sehr nervt, dann formuliert sie um, anstatt sie wegzuklicken. Nur so behaltet ihr ihren Inhalt!

- Benutzt die folgenden Tasten bei der Wiederholung, um schneller durchzukommen:
    o Leertaste = Aufdecken
    o 1 = Nochmal (nicht gewusst)
    o 2 = Schwer
    o 3 = Gut
    o 4 = Sehr leicht
- Auch wenn es komisch klingt, probiert mal folgendes aus, wenn ihr nicht in der Bibliothek lernt, sondern allein Zuhause seid: Murmelt euch die Frage, mit der ihr euch gerade beschäftigt schnell vor und versucht, sofort die Antwort zu geben. Ich weiß nicht, wieso, aber ich konnte mit dieser Technik in 25 min (einer Pomodoro-Einheit, dazu später) teilweise bis zu 80 Karteikarten wiederholen, was in etwa 200% meiner normalen Wiederholungsrate entspricht. Vielleicht lag es daran, dass ich dadurch einfach weniger lange nachgedacht habe und seltener abgeschweift bin, aber es hatte einen äußerst positiven Einfluss auf meine Leistung. Die Technik empfiehlt sich aber wahrscheinlich nicht in der Bibliothek, zumindest dann nicht, wenn ihr Wert darauflegt, dass eure Freunde sich auch weiterhin mit euch in der Öffentlichkeit sehen lassen.

Wie erstelle ich gute Karteikarten?

Vorab möchte ich sagen, dass es eine echte Kunst ist, gute Karteikarten zu erstellen. Den meisten Benutzern fällt das zumindest anfangs äußerst schwer, weil sie viel zu viele Informationen mit einer einzigen Karte abfragen. Weil Anki uns dazu zwingt, die eigene Antwort als richtig oder falsch zu bewerten, entsteht schnell Frustration, wenn man dieselbe Karte zwanzigmal hintereinander sieht, aber sie immer wieder als falsch bewerten muss, obwohl man nur eine von insgesamt zwölf darin enthaltenen Informationen nicht wusste. Gerade im juristischen Bereich besteht dieses Problem, weil alles eng miteinander verknüpft ist und es schwierig bis unmöglich ist, das vernetzte Wissen auseinanderzureißen. Die folgenden Tipps sollen euch den Einstieg erleichtern:

- Verwendet unbedingt die *Jura-Vorlagen*, um Karteikarten für euer Studium zu erstellen! Das geht viel schneller und die Abfrage ist angenehmer, weil damit immer nur ganz wenig Wissen auf einmal abgefragt wird. In unserem Fach ist es ja leider oft schwer, Wissen auf mehrere Karteikarten aufzuteilen. Die Jura-Vorlagen helfen dir dabei. Wie das geht, seht ihr in den Workshop-Videos.[17]
- Mit einer Karteikarte sollte idealerweise auch nur eine einzige Information abgefragt werden (minimum information principle). Natürlich wird das nicht immer möglich sein, aber wann immer es möglich ist, sollte man danach streben, dieses Ziel zu erreichen. Listen und Aufzählungen sollte man vermeiden, wann immer es geht. Falls man nicht umhinkommt, sollte man Mnemotechnik einsetzen (dazu später).
- Zusatzwissen sollte als solches markiert werden. Es spricht nichts dagegen, auf einer Karte weiterführende Informationen festzuhalten, um mehr Kontext herzustellen. Dann sollte man dieses Wissen aber irgendwie markieren, um klarzustellen, dass es nicht gewusst werden muss, um eine Karte als richtig zu bewerten. Ich habe das getan, indem ich den jeweiligen Text kursiv gesetzt habe.
- Verwendet keine Tags. Da Anki Wissen nicht nach Themengruppen, sondern nach dem Vergessenszeitpunkt der einzelnen Information wiederholt, ist es nicht nützlich, Tags zu erstellen. Auch bei der Suche nach einer bestimmten Karte helfen die Tags wenig, da der Anki-Kartenbrowser ohnehin eine Volltextsuche bietet. Durch das Anlegen von Tags verliert ihr also wahrscheinlich nur Zeit. Deshalb: Weglassen.

---

[17] basiskarten.de/anleitung. Hier habe ich das Konzept auch noch einmal in einem Blogbeitrag erklärt: www.basiskarten.de/2015/08/12/wie-schaffe-ich-es-juristisches-wissen-zu-behalten-teil-2-die-jura-vorlagen.

- Es ist ein Fehler, zu denken, dass man nur mit Anki lernen kann. Je näher die Klausur rückt, desto eher genügt es auch, Wissen einfach nur aufmerksam zu lesen, anstatt es auch als Frage in Anki einzugeben. (Wobei es natürlich immer gut ist, sich wenigstens einmal dazu abzufragen, um den Testing Effect auszunutzen.)

Welchen Stoff gebe ich überhaupt in Anki ein?

Das ist die entscheidende Frage. Ihre Wichtigkeit kann kaum überschätzt werden. Ihr müsst verstehen, dass Anki etwas komplett anderes ist als selbsterstellte Skripten oder Mindmaps: Wer in Skripten überflüssige Zusatzinformationen einfügt, schadet höchstens der Übersichtlichkeit. Wer demgegenüber unnütze Zusatzinformationen in einem Karteikartenprogramm wie Anki festhält, ist dazu gezwungen, sich immer wieder mit diesem überflüssigen Wissen zu beschäftigen. Das kann schlimmstenfalls dazu führen, dass man in Wiederholungen erstickt und überhaupt nicht mehr dazu kommt, noch neues Wissen zu erarbeiten. Um das zu vermeiden, schlage ich vor, dass ihr euch ein Rechtsgebiet immer in zwei Schritten erarbeitet. Ich gehe davon aus, dass ihr euch für ein Lehrbuch oder ein Skript entschieden habt und dieses zur Vorbereitung auf eine Klausur oder das Examen nun durcharbeitet.

1. Im ersten Durchgang übertragt ihr die wichtigsten Informationen in Anki. Welche das sind, erkläre ich euch gleich noch genauer. Dazu gehören vor allem die häufigsten, unproblematischen Standardfälle (Normalfälle) und -begriffe eines Rechtsgebiets. Streitstände, selten genutzte Definitionen und exotische Probleme werden hingegen nicht in Anki eingegeben. Diese tragt ihr aber (mit Angabe der Randnummer) in eine Liste ein. Nebenher wiederholt ihr jeden Tag die neuen Karten, die ihr erstellt habt, und diejenigen, die Anki als fällig einstuft.
2. Wenn ihr das Rechtsgebiet dann durchgearbeitet habt und dessen Grundstrukturen sicher beherrscht, könnt ihr euch in einem zweiten Schritt kurz vor der Klausur noch einmal auf die

einzelnen Probleme konzentrieren. Diese bringen oft viele Punkte, kommen aber zu selten dran, um sie dauerhaft aktiv zu wiederholen.

Das sollte die generelle Arbeitsweise sein, wenn ihr mit Anki lernt. Während meiner Examensvorbereitung habe ich mir nun einige Kriterien überlegt, die dabei helfen sollen, zu entscheiden, ob eine Information in Anki gehört oder nicht. Natürlich werdet ihr immer wieder auf Wissen treffen, das auch damit nur schwer einzuordnen ist. Das ist aber nicht schlimm. Oft gibt es in dieser Frage einfach keine eindeutig richtige oder falsche Entscheidung. Wichtig ist jedenfalls, euch folgendes klarzumachen:

> Eine Information nicht auf Karteikarten festzuhalten, bedeutet nicht, dass sie unwichtig ist, sondern nur, dass sie nicht wichtig genug ist, um sich immer wieder mit ihr zu beschäftigen.

Es kann ohne weiteres sein, dass man an manchen Tagen aus 20 Seiten eines Lehrbuchs oder Skripts lediglich fünf neue Karteikarten erstellt. Das ist gut und richtig. In diesem Kontext ist weniger tatsächlich mehr. Seid da mutig!

Um zu zeigen, was auf Karteikarten gehört und was nicht, möchte ich mit einem Bild beginnen: Stellt euch ein Rechtsgebiet einmal als Baum vor. Der Stamm bildet die Normen, die (fast) jedes Mal angewendet werden müssen, wenn man einen Fall in dem Rechtsgebiet bearbeitet (z.B., ob der allgemeine Verwaltungsrechtsweg nach § 40 VwGO eröffnet ist oder nicht). Die dickeren Äste stehen für Regeln, die häufiger drankommen, die dünneren für solche, die seltener angewandt werden. Am Ende der Äste hängen saftige, süße Früchte. Das sind Meinungsstreits und exotische Auslegungsprobleme, die oft viele Punkte in der Klausur bringen. Um Erfolg im Studium zu haben, sollte man sich aus meiner Sicht nun primär auf den Stamm und die dicken Äste konzentrieren. Man benötigt das Wissen über sie, um überhaupt zu den Früchten (= Meinungsstreits) zu kommen und muss sie immer wieder anwenden. Mit den Früchten sollte man sich durchaus beschäftigen, aber es hat wenig Sinn, diese einzeln auswendig zu lernen. Es gibt zu viele davon und die Wahrscheinlichkeit, dass genau der Streit drankommt, dessen vier Positionen mit jeweils fünf Argumenten und Gegenargumenten ihr haarklein auswendig gelernt habt, ist gering. Mein Rat lautet daher: Back to Basics. In den Grundlagen sollte man bombensicher sein, den Rest kriegt ihr schon hin, wenn ihr das System verstanden habt! Je mehr Zeit euch dann noch bis zur Klausur bleibt, desto mehr könnt ihr euch mit dem punkteträchtigen Spezialwissen beschäftigen, um eure Chancen beim Roulette zu erhöhen.

Im Vordergrund steht aus meiner Sicht also das, was Prof. Fritjof Haft als Normalfallwissen bezeichnen würde. Ein Normalfall ist der Standardfall, den der Gesetzgeber vor Augen hatte, als er eine bestimmte Gesetzesregel erlassen hat. Es ist der einfachste Grundfall, losgelöst von allen Besonderheiten und Problemen. Das, was man als typisch bezeichnen würde. Was jeder vor Augen hat, wenn er z.B. „Diebstahl" oder „Körperverletzung" hört. Diesen gilt es zu erfassen. Ihn sollte man sofort einordnen und lösen können. (Auch deshalb, weil man in der Praxis in aller Regel eben mit diesen einfachen Grundfällen konfrontiert wird und nur selten mit den abgefahrenen Ausnahmekonstellationen in unseren Klausuren.) Von der Regel abweichende Problemfälle bekommt man dann in den Griff, indem man sie mit diesem Grundfall vergleicht (sog. Normalfallmethode, dazu sogleich) bzw. später, im Berufsleben, indem man sie erst einmal nachschlägt. Vielleicht wurde gerade dieser Fall ja schon entschieden.

Ein riesiges Problem in unserem Studium besteht darin, dass Skripte und Lehrbücher diese Normalfälle vielfach nicht offenlegen, sondern sogar verdecken. Viele stürzen sich sofort auf die Probleme und Unschärfen, die an den Rändern dieser Begriffe auftreten. Das ist einerseits verständlich, denn für die Diskussion dieser atypischen Fälle gibt es Punkte. Für die Studenten aber ist es verwirrend. Für sie wäre es hilfreich, die (in aller Regel simple) Grundidee einer Regel verstanden zu haben, bevor sie sich in Detailfragen verlieren. Die Experten, die diese Bücher schreiben, versäumen es leider regelmäßig, Rücksicht auf die Studenten zu nehmen, die, anders als sie, gerade noch keinen Überblick über das gesamte Rechtsgebiet haben. Dieser Makel wird durch die oben geschilderte zweistufige Vorgehensweise ein Stück weit kompensiert. Indem ihr den Fokus im ersten Durchgang auf die Grundstrukturen legt, werden die Probleme im zweiten Durchgang dann wesentlich besser versteh- und auch merkbar.

Nach dieser theoretischen Einführung hier also die definitive Liste der Dinge, die in Anki gehören:

Was in Anki gehört:

- Normalfälle und ihre Lösung (also ihre rechtliche Bewertung). Der Normalfall stellt die Frage dar. Als Antwort verlangt ihr die richtige rechtliche Bewertung. Es ist übrigens ein Irrglaube, zu meinen, dass man alles, was im Gesetz steht, nicht in Anki eingeben sollte. Wenn ich zur Lösung eines Standardfalls meinem Mandanten erst einmal sage: „Jaaa, hmm, da muss ich mal im Gesetz blättern.", bin ich kein sonderlich guter Anwalt. Probleme kann ich nachschlagen, die Basics muss ich wissen.
- Wo diese rechtliche Bewertung gesetzlich geregelt ist (oder ob sie ausnahmsweise nicht gesetzlich geregelt ist). Wenn ihr meine Jura-Vorlagen für Anki verwendet – *was ihr unbedingt tun solltet* – dann verwendet dafür das Feld „Norm".
- Standardbegriffe eines Rechtsgebiets und ihre Definition, insbesondere, wenn von der Einordnung bestimmte Rechtsfolgen abhängen. Zum Beispiel: Ist es ein VA oder ein Realakt? Ist der Betroffene Beschuldigter im Sinne der StPO oder Zeuge? Handelt es sich um eine Vernehmung oder nicht?
- Prüfungsschemata, die ihr häufig nutzen könnt. (Das sind nur wenige.) Achtung: Prüfungsschemata lassen sich in der Regel sehr schlecht merken, deshalb nutzt dann auf jeden Fall das Hilfsmittel der Mnemotechnik! (Hierfür gibt es übrigens das Feld „Merkhilfe" in meinen Jura-Vorlagen.)

Was nicht in Anki gehört:

- Hintergrundwissen oder Meta-Wissen, das dem Verständnis eines Rechtsgebiets dient, aber selbst eigentlich nie in einer Klausur relevant ist. Dieses kann man höchstens als Zusatzinfo auf Karteikarten schreiben. Mit Hintergrund- oder Meta-Wissen meine ich zum Beispiel:
    - F: Weshalb gibt es überhaupt eine Konkurrenzlehre? A: Wegen des Doppelverwertungsverbots.
    - F: Auf welchen Prinzipien basiert das Notwehrrecht? A: Rechtsbewährungsprinzip, individualrechtliches Schutzprinzip.
- Streitstände und Problemwissen. Wie viel Punkte eine Information in der Klausur bringen würde, ist irrelevant. Viel wichtiger ist, in wie vielen Szenarien dieses Wissen angewandt werden kann. Macht euch also nicht unglücklich und haltet Streitstände und Probleme in der Regel aus Anki raus. Ausnahme: Es handelt sich um absolute Klausurklassiker, die, auch wenn sie an sich eine nur selten auftretende Spezialkonstellation beschreiben, in Klausuren immer wieder drankommen. Zum Beispiel der Erlaubnistatbestandsirrtum oder die (vorsätzliche) actio libera in causa.
- Definitionen. Ja, Definitionen. Wenn ich dafür sorgen könnte, dass ein Mythos über Anki universell aufgeklärt würde, wäre es: „Anki ist gut für Definitionen." Das ist nicht so. Anki ist eigentlich ziemlich furchtbar für Definitionen, weil die oft lang sind und zu viele Einzelinformationen in einer ganz bestimmten Reihenfolge enthalten (→ Verstoß gegen das minimum information principle). Es gibt eine sehr gute Technik, um Definitionen auswendig zu lernen, aber Anki selbst hilft dabei kaum. Absolute Standarddefinitionen (z.B. von Wegnahme, Gewahrsam beim Diebstahl etc.) sollte man in Anki eingeben, weil man dadurch Zeit in der Klausur spart. Seltener genutzte Definitionen aber nicht. Das ist glücklicherweise auch nicht nötig,

weil man sich diese mit der Normalfallmethode spontan herleiten kann.

Wie viele Stapel soll ich in Anki anlegen?

Für jedes Rechtsgebiet (z.B. BGB AT, Schuldrecht AT, Kaufrecht, Deliktsrecht etc.) sollte ein eigener Stapel angelegt werden. Es ist nicht sinnvoll, Unterstapel für jedes Thema innerhalb eines Rechtsgebiets (z.B. Willenserklärungen, Anfechtung etc.) zu erstellen, zumindest nicht, solange man nur für sich selbst Karten erstellt.

Damit beenden wir das Thema Anki und wenden uns der sogenannten Normalfallmethode zu.

Die Normalfallmethode

…wurde von Prof. Fritjof Haft entwickelt und ist eine Technik, um Probleme, die in einer Klausur angelegt sind (insbesondere solche, die man noch nie gesehen hat!), schnell und geschickt zu lösen.[18] Man kann sie immer dann anwenden, wenn ein Tatbestandsmerkmal nicht eindeutig erfüllt ist. Zum Beispiel:

- Als A bei der Verkehrskontrolle von Polizist P angehalten wird, fragt er ihn: „Wo geht's denn hier zum Wald, Herr Oberförster?" Handelt es sich dabei um eine Beleidigung (§ 185 StGB)?
- Der geübte Kampfsportler T bricht dem O mit einem gezielten Handkantenschlag das Brustbein. Stellt seine Hand ein gefährliches Werkzeug (§ 224 I Nr. 2 StGB) dar?

Der sichere Umgang mit solchen Grenzfällen wird von den Korrektoren mit vielen Punkten belohnt. Um sie zu entscheiden, geht man zunächst weg von sämtlichen Problemen und konzentriert sich auf den sog. Normalfall, also den einfachsten Grundfall, in dem das jeweilige Tatbestandsmerkmal ganz klar verwirklicht ist. Wie sehen die Normalfälle in unseren beiden Tatbeständen aus?

- Normalfall einer Beleidigung (§ 185 StGB): A bezeichnet den B als „dämlichen Vollidioten".

---

[18] Vgl. Haft, Fritjof, Juristische Lernschule (2010), S. 291 ff.

- Normalfall eines gefährlichen Werkzeugs (§ 224 I Nr. 2 StGB): T sticht dem O mit seinem Kugelschreiber ins Auge.

Um nun zu einer Entscheidung in dem Problemfall zu kommen, legt man diesen gedanklich wie eine Schablone über den Normalfall. Dadurch fallen einem die Unterschiede auf und man kommt auf Argumente, die einem dabei helfen, den Fall in die eine oder andere Richtung zu entscheiden. Zum Beispiel:

- Anders als „dämlicher Vollidiot" enthält der Begriff „Oberförster" an sich überhaupt keine negative Wertung, sondern beschreibt einfach einen bestimmten Beruf. Und sogar einen, der in der Beamtenhierarchie über dem der Polizisten im Streifendienst steht. Das spricht gegen eine Wertung als Beleidigung.
- Werkzeuge sind eigentlich immer Dinge, die vom eigenen Körper getrennt und sind und derer sich dann jemand bedient. Zwar kann ein ausgebildeter Kampfsportler ähnliche Wirkungen mit seinen Körperteilen erreichen, aber vom Wortlaut des Begriffs „Werkzeug" dürfte dies eher nicht mehr gedeckt sein.

Entscheiden sollte man letztlich immer nach dem eigenen Rechtsgefühl. Eine Frage, die dabei von unschätzbarem Wert sein kann, ist: Was würde meine Oma sagen, wenn ich ihr den Fall erzähle?

Die Normalfallmethode ist ein großartiger Ansatz, um die enorme Komplexität und Stoffmenge unseres Studiums zu bewältigen. Man kann nicht von allen Streitständen und Problemen Ahnung haben. Mit der Normalfallmethode muss man das aber auch nicht, um zu einer guten Lösung zu kommen.

Aufbauschemata auswendig lernen

Wer die richtigen Aufbauschemata beherrscht, hat in Klausuren oft riesige Vorteile (andere Ansicht, *as always:* Puppe, s. o.). Im Gegensatz zu Frau Prof. Puppe besteht mein Problem mit Prüfungsschemata nicht darin, dass sie nichts bringen (ganz im Gegenteil), sondern darin, dass sie sich leider nur unglaublich schlecht lernen lassen. Selbst mit Anki und meinen Jura-Vorlagen behält man sie kaum. Damit euch das dennoch gelingt, greifen wir auf eine kaum verbreitete Mnemotechnik zurück. Ziel ist es, dass ihr das jeweilige Schema wie aus der Pistole geschossen aufsagen könnt, selbst wenn ihr nachts um drei aus dem Bett geworfen werdet!

Was bringt mir das?

So wie ich das sehe, hat es mindestens drei Vorteile, Prüfungsschemata wirklich auswendig zu können (anstatt sie sich erst während der Klausur spontan aus dem Gesetz abzuleiten):

1. Ich übersehe keine wichtigen Prüfungsschritte und vermeide Aufbaufehler, weil ich weiß, was ich in welcher Reihenfolge zu prüfen habe. Tatbestandsmerkmale und Aufbau ergeben sich oft nicht ohne weiteres aus dem Gesetz. So kann ich sicher sein, keinen Schritt zu übersehen. (Umgekehrt heißt das übrigens nicht, dass ich mich immer sklavisch an den auswendig gelernten Aufbau halten muss. Falls es ausnahmsweise einmal sinnvoll sein sollte, kann ich mich ja davon lösen. Gerade Anfängern empfehle ich aber, es genau so zu machen wie von Prof. Puppe kritisiert: Betrachtet ein Aufbauschema zunächst wie ein neues Rezept und

haltet euch möglichst genau daran, um die gewünschten Ergebnisse zu erzielen.)
2. Ich bin schneller, weil ich nicht darüber nachdenken muss, was ich zu tun habe. Selbst wenn es mir gelingt, in der Klausur spontan das richtige Prüfungsschema aus dem Gesetz heraus zu entwickeln, verliere ich dadurch Zeit.
3. Unbekannte Probleme bekomme ich besser in den Griff, denn wenn ich immerhin sofort weiß, an welchen Stellen ich ein Problem theoretisch erörtern kann, ist es leicht, die günstigste dafür auszuwählen.

Wer skeptisch ist, ob ein so mechanisches Tool wie ein Aufbauschema in komplexen Fächern wie dem unsrigen wirklich helfen kann, dem empfehle ich *The Checklist Manifesto* des Chirurgs Atul Gawande. Durch den Einsatz simpler Checklisten ist es ihm gelungen, die Anzahl von Todesfällen aufgrund von Krankenhausinfektionen um 47% (!) zu senken.[19] Ich bin davon überzeugt, dass auch in unserem Fach die meisten Misserfolge auf leicht vermeidbare Fehler zurückzuführen sind. Warum nutzen wir nicht die Tools, die uns davor bewahren würden? Weil wir zu stolz sind?

Das Problem

Aufbauschemata bestehen in der Regel aus 3 bis 8 lose miteinander verknüpften Punkten. Jeder, der einmal versucht hat, solches Listenwissen mit Anki (oder einfach durch ständige eigene Wiederholung) zu behalten, weiß, wovon ich rede: Es wird einfach zu viel zu wenig verknüpftes Wissen auf einmal abgefragt. Unser Gehirn denkt nicht in Listenstrukturen (1., 2., 3., 4., 5. …), sondern assoziativ („Hey, das erinnert mich an…"). Weil Aufbauschemata für uns das falsche Format haben, bleiben sie leider meistens nicht lange in unseren Köpfen.

---

[19] Fitzpatrick, Laura, Atul Gawande: How to Make Doctors Better, TIME Magazine vom 04.01.2010, goo.gl/FHrksP.

Also was tun?

- Akronyme aus den Anfangsbuchstaben bilden? (PASTA, SAPUZ)
- Merksätze erfinden? („Viel Quatsch schreibt der Bearbeiter.")
- Reimen? („Ist das Kind auch noch so klein, so kann es trotzdem Bote sein.")
- Merkgeschichten ausdenken? (Jeder sollte z.B. die Hochzeitsnachtformel kennen. Sehr interessant ist auch der Ansatz, den der Gedächtnisweltmeister und Jurist Simon Reinhard in seinem Buch *Definitionen Strafrecht - Schnell gemerkt* vorstellt.)
- Gedächtnisrouten anlegen oder Gedächtnispaläste vollstopfen?

Alle diese Ansätze sind möglich, aber aus meiner Sicht keine Universallösung, da sie z.b. passende Anfangsbuchstaben voraussetzen (Es ist kein Gewinn, sich anstatt der einzelnen Zulässigkeitsvoraussetzungen der Verfassungsbeschwerde das Buchstabenungetüm „ZZBPGBESFF" zu merken) oder schlicht zu viel Aufwand erfordern, um dauernd verwendet zu werden (Man versuche einmal für Begriffe wie Zuständigkeit, Beschwerdeberechtigung, Beschwerdebefugnis etc. passende und unverwechselbare Gedächtnisbilder zu finden).

Die Lösung

Die beste Lösung dieses Problems stammt aus meiner Sicht von Richard Grey, einem englischen Geistlichen. 1730 schlug dieser in seiner mnemotechnischen Abhandlung Memoria Technica vor, kodierte Merkwörter zu bilden, um sich (unter anderem) Jahreszahlen einzuprägen.[20] Leicht abgewandelt kann diese Methode auf jede Art von Listenwissen angewandt werden, d.h. auch auf juristische Aufbauschemata. Das will ich nachfolgend anhand des Prüfungsschemas

---

[20] Mnemonics for Finals Week: Memoria Technica by Richard Grey, University of Missouri, goo.gl/aQ9bm5.

„Vertrag mit Schutzwirkung zugunsten Dritter" demonstrieren. Das Schema beinhaltet vier Prüfungspunkte:

1. Leistungs*näh*e zwischen dem Schuldner und dem Dritten
2. *Int*eresse des Gläubigers an der Einbeziehung des Dritten
3. *Erk*ennbarkeit der Einbeziehung des Dritten für Schuldner
4. *Bed*ürftigkeit des Dritten

Anstatt das Schema nun direkt auswendig zu lernen, merke ich mir dazu einfach ein Fantasiewort. Zu dem obigen Beispiel etwa „Schutzwirk*NähIntErkBed*". Dieses wiederhole ich dann so lange laut, bis es auch halbwegs in meinem Kopf bleibt. Anschließend gebe ich es in Anki ein. (Am besten in das Feld „Merkhilfe" der Jura-Vorlage „Rechtsfrage"!)

Wenn ich nun die einzelnen Prüfungspunkte wiedergeben will, rufe ich mir zunächst dieses Merkwort in Erinnerung und extrahiere daraus Stück für Stück die einzelnen Prüfungspunkte, deren Anfangssilben ja bereits in dem Merkwort enthalten sind. Mein interner Gedankenmonolog verläuft dabei ungefähr so: „Was waren nochmal die Voraussetzungen des Vertrags mit Schutzwirkung zugunsten Dritter? Das Merkwort war Schutzwirk*NähIntErkBed*... Wofür steht das *Näh* nochmal? Achja, Leistungs*näh*e zwischen dem Schuldner und dem Dritten! ... Dann kam das *Int* ... Was sollte das nochmal bedeuten? ... Stimmt! *Int*eresse des Gläubigers an der Einbeziehung des Dritten!" Usw. Dieses Vorgehen erleichtert den Erinnerungsvorgang ungemein.

Die Merkwörter werden dabei stets nach demselben Rezept hergestellt. Sie bestehen immer aus einem *Namensteil* (Schutzwirk...) und einem *Erinnerungsteil* (...NähInErkBed). Der Anspruch besteht dabei darin, solche Wortsilben oder -teile zu verwenden, die zum einen klar auf den jeweiligen Prüfungspunkt verweisen und sich zum anderen zu einem organischen, der eigenen Sprache möglichst ähnlichen Fantasiewort verweben lassen.

Die Idee mag bescheuert klingen, aber sie funktioniert hervorragend. Sie ist anderen Ansätzen aus mindestens drei Gründen überlegen:

1. Wenn man die Merkwörter draufhat, fällt einem die Wiedergabe der Prüfungsschemata wirklich leicht – sogar in Drucksituationen wie mündlichen Prüfungen. Viele Menschen sind beeindruckt, wenn man aus dem Kopf irgendwelche Schemata runterrasseln kann. Dabei ist das mit dieser Technik überhaupt kein Problem.
2. Es ist extrem einfach, neue Merkwörter zu bilden. Wesentlich einfacher jedenfalls, als sich passende Gedächtnisbilder für ähnliche Begriffe wie „Zuständigkeit", „Beschwerdeberechtigung" oder „Beschwerdebefugnis" zu überlegen. Zwar sind Merkwörter wie „Schutzwirk*NähInErkBed*" bei weitem nicht so eingängig wie irgendwelche Mnemo-Geschichten. Aber wer die ein paar Mal laut vor sich hersagt und anschließend mit Anki wiederholt, wird sie sich trotzdem so schnell einprägen wie die Vokabeln einer merkwürdigen dadaistischen Fremdsprache.
3. Egal wie viele Merkwörter ihr bildet, die Zuordnung zu einem bestimmten Schema bleibt stets völlig unproblematisch: Beginnt man im Geist mit dem Namensteil (Vertrag mit Schutzwirk...), ergänzt das Gedächtnis die folgenden Silben (...*NähIntErkBed*) ganz von selbst. Diese klare Zuordenbarkeit ist ein großer Vorteil gegenüber anderen Techniken.

Ich denke deshalb, dass diese Technik die Standard-Lösung für das Problem des Auswendiglernens von Aufbauschemata darstellen sollte. Wenn nicht bereits andere brauchbare Merkhilfen existieren, könnt ihr darauf zurückgreifen, um so selbst komplexe Prüfungsschemata in den Griff zu bekommen.

Hier eine von verschiedenen Rückmeldungen zu dieser Technik:

Gerade auch die Merkwörter sind eine echt geniale Sache. War ich zuerst noch skeptisch, was diese angeht, bemerke ich immer mehr den von dir im Blog beschriebenen Effekt des ‚automatischen Vervollständigens'. (E-Mail vom 6.2.2017)

Definitionen auswendig lernen

Wir sind uns einig, dass Anki entgegen der populären Meinung eher ungeeignet für Definitionen ist und nur im Ausnahmefall für möglichst kurze verwendet werden sollte. Wie also lernt man längere Definitionen auswendig, die ja ebenfalls durchaus hilfreich in einer Klausur sein können? Die mit Abstand beste Technik hierfür stammt aus meiner Sicht von einem Blogger namens J. J. Hayes. Er hat auf seinem Hubpages-Blog vor ca. 10 Jahren einen einzigen Beitrag mit dem Titel „How to Memorize a Poem" veröffentlicht und danach nie wieder etwas geschrieben.[21] Nach eigener Aussage hat er mit dieser Technik unter anderem Allen Ginsbergs Gedicht „Howl" auswendig gelernt, das 2903 Wörter lang ist. Es dauerte wohl ca. 45 Minuten, es wiederzugeben. Da juristische Definitionen in der Regel dann doch nicht ganz diese Länge erreichen, sollte seine Technik auch für unsere Zwecke genügen.

Bevor ich sie euch zeige, möchte ich kurz noch einmal Judge Mike zu Wort kommen lassen, der euch erklärt, welches Ziel wir mit dieser Technik hier anstreben:

> *Let's talk about what memorization really means to me. And what I believe the memorization standard should be to you. When do you have something really memorized? You have something really memorized, when you can be writing that rule out on a piece of paper during your bar exam or during a practice essay question and thinking about something else that is entirely different. When you're able to [...] articulate a rule of law or an exception – when the words you're issuing from your lips and you're thinking about something completely different. That's when you have something truly memorized. Are you gonna memorize all of the material that we're gonna ask you to memorize in that fashion? Probably not. But that's the standard and that's the goal and if you're able to do that the bar exam, come exam day, after lots of hard work, will likely be a piece of cake for you.*

---

[21] hubpages.com/literature/How-To-Memorize-A-Poem.

Mit der Hayes-Technik ist genau das möglich. Ich habe es sowohl mit einigen Gedichten als auch mit Definitionen im Strafrecht ausprobiert. Die Technik funktioniert so:

1. Ihr teilt die Definition, die ihr lernen wollt, in mehrere kurze Zeilen ein, so dass sie so ähnlich aussieht wie ein Gedicht. Hier die Definition der geeigneten Mittel (ergibt sich aus der Anforderung der Erforderlichkeit der Notwehrhandlung in § 32 II StGB):

Eine Verteidigungshandlung ist geeignet,
wenn von ihr zumindest
eine Abschwächung, Verzögerung oder Erschwerung
des Angriffs zu erwarten ist.

Welch wunderbare Lyrik!

2. Lest den gesamten Text.

3. Erste Wiederholung
   a) Deckt alles ab außer der ersten Zeile.
   b) Lest die erste Zeile.
   c) Schließt die Augen. Versucht euch an die erste Zeile zu erinnern. Wiederholt sie laut.
   d) Deckt die zweite Zeile auf.
   e) Lest die zweite Zeile.
   f) Schließt die Augen. Versucht euch an die zweite Zeile (und nur an diese) zu erinnern und wiederholt sie laut.
   g) Geht jetzt zur dritten Zeile über usw. bis ihr so auch mit der letzten Zeile verfahren seid. Jetzt habt ihr die erste Wiederholung geschafft!

4. Zweite Wiederholung
   a) Deckt alles ab außer der ersten und der zweiten Zeile.

b) Schließt die Augen. Versucht euch an die erste und an die zweite Zeile zu erinnern. Wiederholt beide Zeilen laut.
c) Deckt die dritte und vierte Zeile auf.
d) Schließt die Augen. Versucht euch an die und vierte Zeile zu erinnern usw. bis ihr zum zweiten Mal mit dem Gedicht durch seid.

5. Dritte bis siebte Wiederholung
a) Jedes Mal wird eine Zeile mehr aufgedeckt und wiederholt.
b) Falls die Definition nicht auf 7 Zeilen kommt, macht ihr trotzdem 7 Wiederholungen insgesamt.

6. Als letztes sagt ihr die Definition noch einmal ganz aus dem Gedächtnis auf. Fertig! Jetzt sollte sie erst einmal sitzen.

Falls es euch zu anstrengend ist, manuell alles ab- und aufzudecken, unter arvidj.github.io/poemizer hat jemand eine App geschrieben, die genau das für euch tut.

Wann sollte man diese Technik nun einsetzen? Ich glaube, erst in den Wochen kurz vor der Klausur bzw. dem Examen. So habe ich es jedenfalls gemacht und es hat gut funktioniert. Man könnte auch einmal versuchen, die mit dieser Technik gelernten Definitionen anschließend regelmäßig mit Anki zu wiederholen, um sie für längere Zeit zu behalten. Ich schätze aber, dass die Standard-Intervalle dafür in der Regel zu lang sind. Um das zu kompensieren, solltet ihr dann wahrscheinlich zumindest anfangs häufiger die Bewertung „Schwer" auswählen.

Ein Wort zu Vorlesungen und Übungen

Ganz kurz nur möchte ich auf die Wissensquellen eingehen, in denen Studenten besonders am Anfang ihres Studiums oft ihr Heil suchen, wenn auch immer wieder in leicht schizophrener Art und Weise: Da wird zwar geflissentlich die Vorlesung besucht, aber wenn man dann drinsitzt, beschäftigt man sich lieber mit irgendwelchen Browserspielen, anstatt dem Professor zu lauschen. Das kenne ich auch. In Staatsrecht I ist es mir zum ersten Mal gelungen, bei Tetris die kleine Rakete starten zu lassen, d. h. ich hatte min. 100.000 Punkte. Konsequenterweise bin ich dann auch in der Abschlussklausur durchgefallen. (Meine Prioritäten lagen damals noch etwas anders als heute.)

Mein Rat lautet deshalb: Radikale Selektion. Gebt bei Beginn des Semesters allen Lehrveranstaltungen eine Chance, aber entscheidet dann schnell und selbstbewusst, wem ihr länger zuhören könnt und bei wessen Stimme ihr schon anfangt zu gähnen. Unter den Professoren gibt es großartige Rhetoriker, die den Stoff äußerst anschaulich vermitteln können. Die Schüler des Bonner Repetitors Paul Schneider schwärmen noch heute davon, wie sie in den Vorlesungen der „einzigen Hochschule Deutschlands" immer wieder Tränen gelacht haben. Leider sind solche didaktischen Talente selten. Wenn ihr deshalb merkt, dass ihr (wenn ihr es denn mal zur Vorlesung schafft) ohnehin nicht zuhört, dann kann ich nur sagen: Lasst es einfach. Sucht euch stattdessen ein gutes Lehrbuch oder Skript und setzt euch ohne schlechtes Gewissen in die Bibliothek. Keine Sorge, das Wissen ist das gleiche. Und eure Kommilitonen, die sich das nicht trauen, weil sie noch nicht ganz den Unterschied zwischen Universität und Schule verstanden haben, werden euch schon mitteilen, ob der Professor in der Stunde vor der Klausur einen Hinweis auf ein bestimmtes Klausurthema gibt. Oder ihr schaut zu diesem Zeitpunkt ausnahmsweise einmal selbst in der Vorlesung vorbei.

Umgekehrt heißt das aber auch: Wenn ihr in die Vorlesung oder Übung geht, dann nehmt das ernst. D. h. seid aufmerksam, schreibt mit und bereitet die Stunde nach. Ideal ist die Nacharbeit kurz vor der nächsten Vorlesung. Wenn ihr deshalb dem Professor folgen könnt und vielleicht sogar aktiv mitarbeitet, gibt euch das Sicherheit und kann wirklich Spaß machen. Diesen erstaunlichen Effekt habe ich leider erst später in meinem Leben erfahren.

Ein einfacher Trick, der es euch erleichtert, in einer Vorlesung aufzupassen, ist übrigens, sich bewusst in die ersten Reihen zu setzen. Wer direkt vor dem Professor sitzt, hat weniger Gelegenheit, sich abzulenken. Wenn ich mich stattdessen bewusst in die letzte Reihe setze, nur um dort schwätzen zu können, muss ich mir die Frage stellen, warum ich überhaupt in die Vorlesung gehe. Weil ich zu feige bin, zuhause zu bleiben? Bitte!

Brauchbare Mitschriften durch Cornell Notes

Wer noch mit Papier und Stift in der Vorlesung sitzt, weil er eine chronische Abneigung gegen Laptops hat, dem sei ein System namens Cornell Notes empfohlen. (Ich habe es selbst nicht verwendet, aber es hört sich äußerst vernünftig an.) Dabei teilt man das eigene Blatt – wie unsere Klausurblöcke – so ein, dass links ein Rand von etwa einem Drittel der Seite bleibt. Auf diesen Bereich wird während der Vorlesung nicht geschrieben, sondern nur rechts davon. Wenn man die Vorlesung dann später nachbearbeitet, trägt man auf der linken Seite Fragen ein, die sich auf die rechts danebenstehenden Inhalte beziehen. Später vor einer

Klausur kann man den Stoff dann wiederholen, indem man die rechte Seite abdeckt und versucht, die Fragen auf der linken Seite zu beantworten. So nutzt man den Testing Effect aus (= aktiv lernen durch Fragen beantworten > passiv lesen). Eigentlich sollte man bei dieser Technik auch unten noch einen kleinen Bereich freilassen, in dem man die wichtigsten Punkte auf der jeweiligen Seite noch einmal kurz zusammenfasst. Das halte ich allerdings für überflüssig.

Wer stattdessen seinen Laptop in die Vorlesung mitnimmt, sollte zunächst in einem Textverarbeitungsprogramm mitschreiben und später aus seinen Aufzeichnungen die wichtigsten Fragen direkt in Anki übernehmen. Wer so wiederholt, nutzt dann nicht nur den Testing, sondern auch den Spacing Effect aus (= Wiederholungen in wachsenden Abständen, idealerweise kurz vor dem Vergessen, bringen am meisten). Es spricht viel dafür, den eigenen Computer heutzutage als Standardarbeitsmittel in unserem Studium zu einsetzen.

*Concentrate every minute like a Roman – like a man –
on doing what's in front of you with precise and genuine seriousness,
tenderly, willingly, with justice. [...] If you can manage this,
that's all even the gods can ask of you.*

– MARCUS AURELIUS, MEDITATIONES (ÜBERS.: GREGORY HAYS).

*Geh uns nicht mit dieser Pomodoro-Technik auf die Nerven,
du redest jetzt seit drei Wochen von nichts anderem.*

– MEINE FAMILIE, UNGEFÄHR 2010.

KAPITEL 5

Wie gelingt es mir, mich zu konzentrieren?

Zu wissen, mit welchen Mitteln man effektiv lernen kann, genügt leider nicht, um Erfolg im Studium zu haben. Wir müssen diese Werkzeuge auch tatsächlich einsetzen. Viele nehmen sich das vor, verbringen dann aber doch einen Großteil ihrer Zeit auf Facebook und in

WhatsApp oder hängen in der Bibliothek ihren Tagträumen nach, anstatt zu lernen oder für die Hausarbeit zu recherchieren. Kommt euch das bekannt vor? Mir auf jeden Fall. Und ich gebe zu, es hat einen gewissen Reiz, sich darüber auszulassen, wiiieeee weeeeenig man sich heute schon wieder konzentrieren kann. Das ist immer ein sympathischer Anknüpfungspunkt für ein Gespräch mit anderen. Nach kurzer Beratung geht man dann erst einmal einen Kaffee trinken, um sich von der stressigen Lernerei zu erholen.

Abgesehen von dieser Romantisierung will man gelegentlich aber auch einfach mal etwas geschafft bekommen. Wie geht das?

Die Situation am Arbeitsplatz

Fangen wir mal mit den naheliegenden Dingen an: Euer Handy gehört außer Reichweite, wenn ihr lernt. Wer alle fünf Minuten per Vibrationsalarm über eine neue Nachricht im Gruppenchat informiert wird, wird sich kaum in die Feinheiten der aufgedrängten Bereicherung vertiefen können.

„Aber, Thomas, reicht es nicht aus, wenn ich mein Handy auf lautlos stelle?" Nein! Denn auch, wenn es lautlos ist, habt ihr ständig das Bedürfnis, nachzuschauen, ob euch jemand geschrieben hat, oder selbst jemandem zu schreiben. Indem ihr euer Handy ganz ausschaltet oder – noch besser – es im Spind lasst, knipst ihr diese Ablenkungsquelle einfach aus. „Aber wie kann ich denn dann meine Freunde in der Pause treffen?" ~~Wer hat gesagt, dass man Freunde im Jura-Studium braucht?~~ Indem du dich im Voraus mit Ihnen verabredest und dann einfach in ca. 2 oder 2,5 Stunden pünktlich zum Kaffee erscheinst.

Wo wir gerade bei Freunden sind: Ich würde jedem, der ähnlich veranlagt ist wie ich, unbedingt raten, sich *nicht* neben die eigenen Freunde beim Lernen zu setzen. Menschen, die sich gut konzentrieren können, mag das übertrieben vorkommen, aber ich kann für mich sagen, dass es das Lernen sehr erleichtert, wenn man nicht die ganze Zeit die Option hat, mit dem Nachbarn zu schwätzen (oder ihn mit Papierkügelchen zu bewerfen).

Eine Ausnahme gibt es von diesem Rat: Am Anfang des Studiums ist es wichtiger, überhaupt erst einmal Freunde unter den eigenen Kommilitonen zu finden (notfalls auch, indem man sie mit Papierkügelchen bewirft), als das Lernen maximal effizient zu gestalten. Mitstreiter zu haben, mit denen man Erfolge feiern und Misserfolge teilen kann, ist ungleich mehr wert als eine gute Note in den Anfängerklausuren. In dieser Anfangsphase würde ich deshalb eher darauf achten, neue Bekanntschaften nicht zu irritieren. Dazu habt ihr später noch genug Gelegenheit, wenn ihr meinen Ratschlägen in diesem Buch folgt.

Im Grunde lässt sich alles, was ich bisher in diesem Abschnitt geschrieben habe, so zusammenfassen: Je weniger Ablenkungsquellen ihr beim Lernen habt, desto weniger Willenskraft müsst ihr aufwenden, um euch diesen nicht zu widmen. Umso mehr Aufmerksamkeit und Energie steht euch dann für das Lernen zu Verfügung.

Ablenkung am PC vermeiden

In dieselbe Kerbe schlägt ein Programm, das sich *ColdTurkey* („kalter Entzug") nennt. Ihr habt damit die Möglichkeit, bestimmte Webseiten, mit denen ihr euch immer wieder ablenkt, für eine vorgegebene Zeit zu sperren. Die Sperrung kann anschließend nicht mehr aufgehoben werden, auch nicht z.B. durch einen Neustart des PCs. Euch bleibt nichts anderes übrig, als abzuwarten bis ColdTurkey die Blockierung wieder aufhebt. So kommt ihr gar nicht erst in die Versuchung, euren ersten optimistischen Facebook-Status: „Auf dem Weg zur Uni. Heute wird gelernt!" eine halbe Stunde später um „ :-(Ich hab's versucht. #viergewinnt" zu ergänzen. Je weniger Optionen ihr habt, desto leichter fällt es euch, euch auf die eigentliche Aufgabe zu konzentrieren.

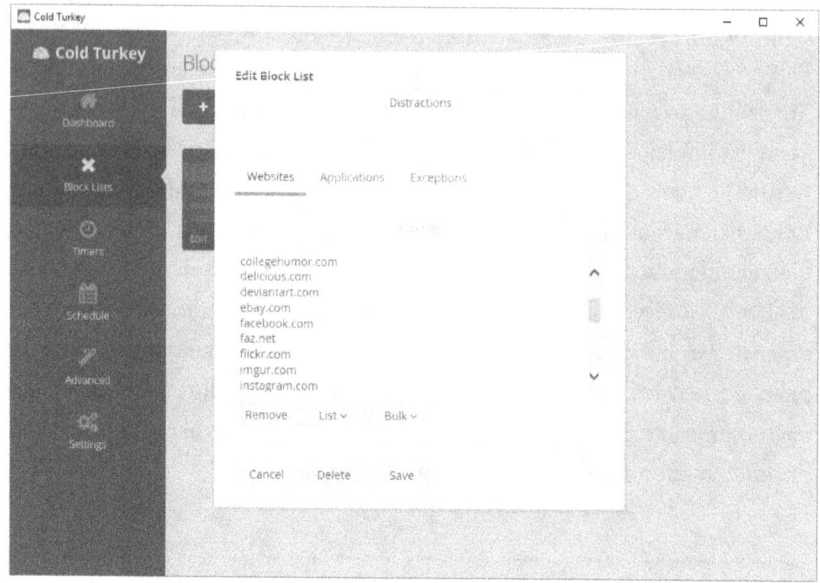

LERNAPOTHEKE FÜR JURISTEN • 51

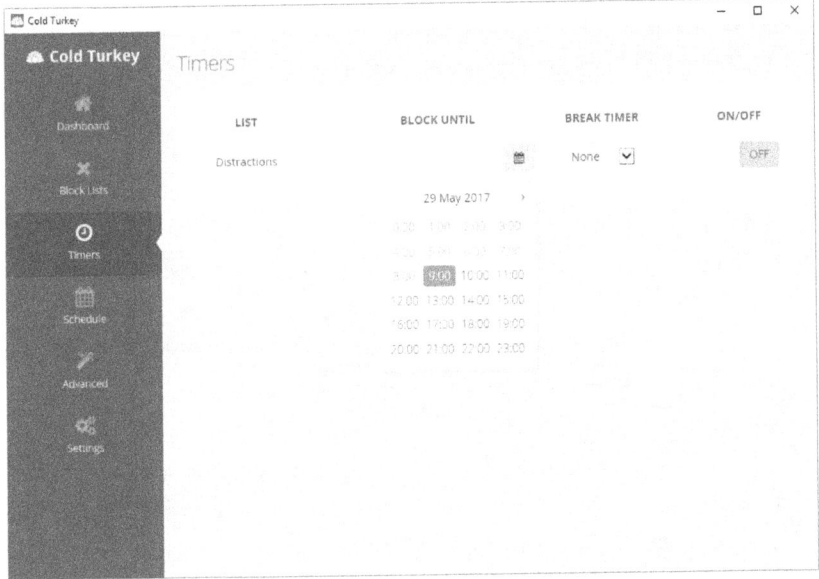

ColdTurkey funktioniert auf Windows und Mac OS und es gibt auch eine App für Android. Wenn ihr ein Android-Smartphone habt, würde ich euch allerdings meine eigene App *Geolock* empfehlen, die bald erscheinen sollte (als Beta-Version abrufbar unter basiskarten.de/geolock). Eine Alternative für Mac ist *SelfControl*. Und auf eurem iPhone könnt ihr *Freedom* nutzen. Mit den letzten beiden Programmen habe ich selbst allerdings nie gearbeitet.

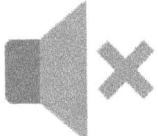

Musik oder Stille?

Viele Menschen sehen es als für die Konzentration förderlich an, beim Lernen (speziell klassische) Musik zu hören. Ich bin da insofern skeptisch, als ich selbst die Erfahrung gemacht habe, dass ich mich ohne Musik wesentlich besser auf den Lernstoff konzentrieren kann. Mit Musik ist es einfach wieder ein Sinnesreiz mehr, der um meine labile Aufmerksamkeit kämpft. Zumindest anspruchsvolle klassische Musik halte ich tatsächlich auch für völlig ungeeignet zum Lernen (eben weil sie bewusste Aufmerksamkeit erfordert), ebenso jedes Lied, dessen Lyrics man verstehen kann. Es mag sein, dass manchen Menschen die Lernsituation erst durch Musik erträglich erscheint. Das kenne ich auch. Dann ist es natürlich besser, mit Musik zu lernen, als gar nicht. Wenn es aber allein um die Frage geht, ob man mit Musik besser lernt oder ohne, sollte man einfach ausprobieren, was besser funktioniert. Für Menschen wie mich würde ich behaupten: Ohne.

Eine dritte Möglichkeit, die ihr bei Gelegenheit ausprobieren solltet, sind bestimmte Umgebungsgeräusche, etwa das Rauschen eines Bachs (bei YouTube nach „10h nature sounds" suchen) oder die Geräusche eines Cafés oder einer Kantine (coffitivity.com). Geht es um kreative Arbeit (was das Lernen allerdings ja gerade nicht ist), deutet eine Studie daraufhin, dass ein geringfügiges Level an Hintergrundgeräuschen insoweit durchaus förderlich sein kann.[22]

Zeitmanagement mit der Pomodoro-Technik

Es gibt nur wenige Ideen, von denen ich in meinem Leben so viel profitiert habe wie von der Pomodoro-Technik. Ich bin darauf leider erst etwa zur Hälfte meines Studiums gestoßen, als ich gerade mit der Vorbereitung auf mein Schwerpunktexamen beschäftigt war. Wegen der unglaublichen Wirkung, die dieses Konzept bei mir hatte, habe ich in den folgenden

---

[22] Is Noise Always Bad? Exploring the Effects of Ambient Noise on Creative Cognition, www.jstor.org/stable/10.1086/665048.

Wochen und Monaten mein gesamtes soziales Umfeld mit dieser Technik vollgequatscht bis insbesondere meine Familie, die (anders als ich) eigentlich nie größere Probleme mit dem Lernen hatte, irgendwann richtig genervt davon war. Diesen Effekt möchte ich hier vermeiden, aber ich muss klarmachen, wie wichtig diese Technik für mich ist, weil ich es dadurch zum ersten Mal geschafft habe, über längere Zeiträume konzentriert zu arbeiten. Auch diesen Text hier schreibe ich gerade innerhalb einer sogenannten Pomodoro-Einheit. Wie also funktioniert diese wunderbare Technik?

1. Eine Einheit besteht aus 25 min konzentrierter Arbeit. In dieser Zeit tut ihr genau eines: Konzentriert an der jeweiligen Aufgabe arbeiten, die ihr euch gerade vorgenommen habt. Alles andere ist streng untersagt. Es gibt keine Pause innerhalb dieser Einheit. Ihr geht nicht kurz auf Facebook, checkt eure E-Mails oder steht auf, um euch einen Kaffee zu holen. Wenn jemand anruft, wird er weggedrückt. Wer in der Bibliothek zu euch kommt, um mit euch zu quatschen, wird darüber informiert, wie lange es noch bis zur Pause dauert. Das könnt ihr immer genau sagen, weil ihr während einer Einheit stets einen Timer laufen habt, der die Zeit bis zur nächsten Pause anzeigt. (Das ist ganz wichtig. Weshalb, erkläre ich euch gleich.)
2. Nach einer Einheit macht ihr 5 min Pause. Jetzt könnt ihr euch erholen, auf Toilette gehen, etwas trinken, kurz mit euren Freunden sprechen oder aus dem Fenster starren. Alles ist erlaubt. Man sollte nur darauf achten, dass die jeweilige Tätigkeit auch einigermaßen erholsam ist. Wer aufgeregt eine wichtige E-Mail erwartet, sollte damit besser bis zur nächsten langen Pause (dazu sogleich) warten. Auch längere Diskussionen über Facebook oder WhatsApp verschiebt ihr besser auf später. Die kurze Pause dient ausschließlich der Erholung. Lehnt euch zurück, schaut aus dem Fenster oder vertretet euch kurz die Beine, denn nach (spätestens) fünf Minuten geht es weiter mit der nächsten Einheit.

3. Diese Kombination aus 25minütiger Arbeit und 5minütiger Pause macht ihr insgesamt viermal hintereinander, dann macht ihr eine längere Pause (ca. 30 min), um euch richtig zu erholen.

Soweit so gut. Aber ist das wirklich revolutionär? Haben wir nicht alle schon einmal versucht, eine bestimmte Zeit lang konzentriert an einer Sache zu arbeiten? Was ist nun das Besondere an dieser Technik? Das Besondere daran ist, dass sie funktioniert. Und sie funktioniert, gerade weil 25 Minuten so unglaublich wenig Zeit sind. Wenn man das erste Mal auf die Uhr schaut, sind in der Regel schon mindestens 10 Minuten vorbei, sodass man sich denkt: „Ach, 15 Minuten bis zur nächsten Pause halte ich auch noch aus." Das würde man nicht unbedingt denken, wenn der Timer noch 50 Minuten anzeigte. Durch die Pomodoro-Technik wird ein großer, unüberschaubarer Berg an Arbeit (zwei Stunden EBV lernen anyone?) in kleine Portionen zerlegt, die Stück für Stück bewältigt werden können. Der Timer ist dafür unbedingt notwendig, weil dadurch das Ziel stets in Sichtweite bleibt. Unser Gehirn (oder jedenfalls meins) arbeitet einfach besser im Sprint- als im Marathon-Modus.

Zum Schluss noch einige schnelle Fragen und Antworten zu dieser Technik:

Warum heißt die Pomodoro-Technik Pomodoro-Technik?

Weil ihr Erfinder, Francesco Cirillo, Italiener ist, und beim ersten Experimentieren mit dieser Idee gerade einen Küchentimer in Form einer Tomate zu Verfügung hatte:

„Pomodoro" ist Italienisch und bedeutet „Tomate".

Funktioniert das wirklich? Werde ich dadurch nicht immer wieder aus meiner Konzentration gerissen? Stört das dann nicht eher?

Wenn du diese Frage so stellst, wahrscheinlich ja. Menschen, die sich gut konzentrieren können, werden wahrscheinlich wirklich nur wenige Vorteile durch diese Technik haben. (Vielleicht hilft sie euch zumindest bei der Strukturierung des Arbeitstages oder der Einteilung des Stoffs.) Eine Möglichkeit für euch könnte sein, die Dauer der Einheiten zu erhöhen. Bevor ihr das aber tut, solltet ihr auf jeden Fall einige 25-Minuten-Einheiten ausprobiert haben.

Für mich persönlich kann ich jedenfalls sagen, dass die Unterbrechungen durch die Pausen nicht stören, sondern von mir oft eher herbeigesehnt werden. Lernt man gerade z.B. aus einem Lehrbuch ist es zudem so, dass man während der 25 Minuten in der Regel sowieso nicht dauerhaft über ein einziges Problem nachdenkt, sondern nacheinander über viele kleine Einzelinformationen. Diese kann man ohne weiteres auf mehrere Einheiten aufteilen, ohne aus einer kritischen Denkphase herausgerissen zu werden.

Wie viele Einheiten sollte ich pro Tag machen?

Das hängt ganz davon ab, wie viel Zeit ihr habt. Ideal (und gerade für den Anfang viel) finde ich 12 Einheiten an Tagen, an denen man sonst keine Vorlesungen oder anderen Termine hat. Das sind genau 5 Stunden reine Lernzeit. Das klingt wenig, ist aber sehr viel. Wenn vor dem Examen der Druck steigt, kann man auch 16 Einheiten pro Tag versuchen. In meinen Examenszeiten habe ich das so gemacht, einen Monat vor dem Examen sogar noch mehr. Aber das hält man auf Dauer nicht gut durch und man sollte nicht enttäuscht sein, wenn etwas dazwischenkommt und es weniger Einheiten sind.

Kann ich während einer Einheit kurz Pause machen und diese dann anschließend fortsetzen?

Nein. Es gibt keine halben Einheiten! Du musst die Einheit abbrechen und von vorne anfangen. *It is the law.*

Was mache ich mit all den genialen Ideen, die mir während einer Einheit kommen?

Du schreibst sie auf, damit du sie nicht vergisst. Am besten hast du während einer Einheit immer Stift und Papier neben dir liegen, damit du dich in der Pause den echten Weltproblemen wie „Peperoni-Pizza mit extra Käse bestellen" zuwenden kannst.

Gibt es das auch als App?

Ja, das gibt es. Das Problem ist nur, dass du dann dein Handy angeschaltet neben dir liegen hast, wovon ich dir dringend abraten würde. Ich selbst habe mir zu diesem Zweck ein Programm namens ZeitForm geschrieben, das ihr unter thomaskahn.de/zeitform herunterladen könnt. Es ergänzt die Pomodoro-Technik um ein paar sinnvolle Features (z.B., dass

Einheiten nach der Pause automatisch wieder angefangen werden, sodass man sich weniger überwinden muss). Ihr könnt aber auch einfach einen Online-Timer auf eurem PC oder einen lautlosen Küchentimer verwenden (z.B. diesen hier[23] von infactory für 6,90 €, der auch für Aktenvorträge in der mündlichen Prüfung des zweiten Examens gut eingesetzt werden kann. Wenn der Timer abgelaufen ist, kann er wahlweise piepsen, vibrieren und eine rote LED aufleuchten lassen; die eierlegende Wollmilchsau der Küchentimer quasi). Wenn ihr euch für solche praktischen Hilfsmittel interessiert, habe ich unter basiskarten.de/5-gadgets-fuer-dein-studium noch einige weitere Gadgets für euch gesammelt; die euch das Studentenleben erleichtern, z.B. Buchständer und die besten Stifte für die Klausur.

Sonst noch irgendwelche Fragen? Gut, dann weiter.

Speed Reading?

Ein Konzept, das immer wieder genannt wird, wenn es darum geht, wie man schneller und konzentrierter arbeiten kann, ist das Speed Reading. Ich selbst habe mich weder in meinem Studium noch danach intensiv damit auseinandergesetzt, aber es scheint Grund zu der Annahme zu geben, dass es hier wirksame Ansätze gibt. Zu diesem Ergebnis kam jedenfalls die Stiftung Warentest in einem Test aus dem Jahre 2015.[24] Eine Verdoppelung der Lesegeschwindigkeit hält sie für realistisch.

---

[23] www.amazon.de/gp/product/B002QVF7LI.
[24] Lesetrainings im Test: Wie Sie zum Schnellleser werden, www.test.de/Lesetrainings-im-Test-Wie-Sie-zum-Schnellleser-werden-4817442-0/; Eine Zusammenfassung von SpeedReading.de ist unter www.speedreading.de/stiftung-warentest-speed-reading abrufbar.

Das klingt vielversprechend. Dennoch bin ich der Meinung, dass Speed Reading zum juristischen Lernen – speziell in der Zeit der Examensvorbereitung – nicht sonderlich viel beitragen kann. Es ist bei uns wichtig, einen Abschnitt wirklich verstanden zu haben, bevor man zum nächsten übergeht, da der folgende Text oft darauf aufbaut. Häufig wird man deshalb dieselben wenigen Sätze wieder und wieder lesen müssen, bis man deren Inhalt ausreichend erfasst hat (was leider auch an der sprachlichen und didaktischen Qualität vieler Skripte liegt). Stattdessen einfach weiterzulesen ist für uns keine Option.

Umgekehrt muss ich zugeben, dass es in der juristischen Arbeit durchaus Einsatzfelder für das Speed Reading gibt, etwa bei der Suche nach Literatur für Hausarbeiten oder später beim Sichten von Akten. Ein ehemaliger Manager bei IBM berichtete mir einmal, dass der Konzern schon in den 80er Jahren Speed Reading-Seminare für seine Mitarbeiter anbot habe. Er habe diese als hilfreich empfunden, um aus den langen Berichten, die er zu lesen hatte, schnell die wichtigsten Informationen herauszudestillieren. Ich glaube, das trifft es ganz gut. Mein Urteil lautet deshalb: Speed Reading ist zwar nicht unbedingt hilfreich beim Lernen, aber generell für uns Juristen ein nützlicher Skill.

Excellence is an art won by training and habituation: we do not act rightly because we have virtue or excellence, but we rather have those because we have acted rightly; "these virtues are formed in man by his doing the actions"; we are what we repeatedly do. Excellence, then, is not an act but a habit;

— WILL DURANT ÜBER DIE PHILOSOPHIE ARISTOTELES.

Das ist doch nicht dein Ernst, Thomas, dass du irgendeiner Firma in den USA Geld bezahlst, wenn du nicht pünktlich ins Bett gehst. Das ist doch gestört!

— MEINE FAMILIE, MAL WIEDER.

KAPITEL 6

Wie schaffe ich es, regelmäßig zu lernen?

„Morgen fange ich dann richtig an zu lernen!" Das ist wahrscheinlich die häufigste Selbstlüge in unserem gesamten Studium. Die meisten von uns kennen das Elend: Wir nehmen uns viel vor, schaffen wenig und versuchen, aus diesem Teufelskreis herauszukommen, indem wir uns für den nächsten Tag noch mehr vornehmen. Der zunehmende Druck wird es schon richten. Diese „Strategie" haut dann in der Regel auch noch halbwegs hin, ist aber mit einer ganzen Reihe von Problemen verbunden: Weil Anspruch und Wirklichkeit dauernd auseinanderfallen, sind wir frustriert und müssen schließlich anstrengende Nachtschichten schieben, um überhaupt mit dem Stoff durchzukommen – der dann trotz der großen Anstrengung dennoch bei weitem nicht so gut sitzt wie, wenn wir kontinuierlich von Anfang an gelernt hätten. Das nehmen wir uns dann wieder fest vor. *Für das nächste Mal.*

So sah es jedenfalls bei mir lange Zeit im Studium aus und ich bin sicher, ich bin nicht der einzige, dem es so ging. Kurz vor der Abgabe so mancher Hausarbeit habe ich ganze Nächte in der Mainzer Universalbibliothek durchgearbeitet. Die hatte damals noch 23 Stunden am Tag geöffnet. Nur zwischen 5:00 und 6:00 Uhr war sie eine Stunde lang zwecks Reinigung geschlossen. Gute Zeit.

Wir nennen dieses unsinnige Verhalten heute „Prokrastination" oder „Aufschieberitis". Die Problematik ist aber alles andere als neu. Bereits die Griechen hatten den Begriff der *Akrasia* (ἀκρασία), der den Zustand beschreibt, in dem jemand etwas Naheliegendes nicht tut, obwohl er dadurch auf lange Sicht große Vorteile hätte bzw. enorme Nachteile vermeiden würde. Das Problem ist verbreitet und kann sehr schwerwiegend sein, aber es ist aus meiner Sicht absolut lösbar. (Zumindest, wenn ihr es ernst meint und bereit seid, bestimmte Opfer zu bringen.) In diesem Kapitel erkläre ich euch, wie ihr das hinbekommt.

Feste Freizeit

Eine erste Strategie, die mir dabei geholfen hat, das Problem in den Griff zu bekommen, war es, eine Zeit festzusetzen, nach der ich unter keinen Umständen mehr arbeiten würde, völlig egal, wie unproduktiv ich an dem Tag auch war. In meinem Fall habe ich 20:00 Uhr gewählt und halte das auch heute noch für eine gute Zeit. Dadurch wird vermieden, dass man nachts versucht, die Arbeit nachzuholen, die man den ganzen Tag lang vor sich hergeschoben hat. Das führt nur zu Nachtschichten, die auch nicht wirklich produktiv sind, weil man dafür am nächsten Tag dann zur Belohnung erst einmal ausschläft und vormittags auch nicht arbeitet. So beginnt der Kreislauf des Elends von neuem. Die simple Entscheidung, nie nach 20:00 Uhr zu arbeiten, kann das verhindern.

Um zu verstehen, warum diese simple Strategie funktioniert, ist es wichtig zu wissen, worin der Hauptgrund für Prokrastination besteht. Es liegt aus meiner Sicht jedenfalls ganz bestimmt nicht daran, dass wir uns zu wenig vornehmen – Wenn es das wäre, hätten wir alle wohl kein Problem. –, sondern im Gegenteil daran, dass wir uns *zu viel* vornehmen. Wenn wir jede freie Minute mit Arbeiten verplanen, haben wir (theoretisch) für das gesetzte Ziel ein Meer aus Zeit, so dass wir nie „richtig" arbeiten müssen. Weil wir aber gleichzeitig durch den eigenen Anspruch völlig überfordert sind, gönnen wir uns ständig Ausnahmen von diesem völlig unrealistischen Ziel, fangen gar nicht an oder arbeiten weniger konzentriert. Die Folge ist ein schlechtes Gewissen, weil wir immer wieder hinter dem gesetzten Ziel zurückbleiben, egal wie sehr wir uns auch anstrengen. So wird die Arbeit mit weiteren unangenehmen Gefühlen verbunden und bleibt eher liegen.

Die Lösung besteht paradoxerweise daher darin, die zulässige Arbeitszeit bewusst zu begrenzen, damit diese als etwas wahrgenommen wird, in dem a) auch wirklich gearbeitet werden muss (weil gerade nicht unbegrenzt viel Zeit zu Verfügung steht) und b) auch tatsächlich konzentriert gearbeitet werden kann (weil es sich um einen überschaubaren Zeitraum handelt und man sich in seiner Freizeit erholen kann). Indem Anspruch und Wirklichkeit besser aneinander angepasst werden, wird man so im Ergebnis mehr erreichen, als jemand, der seine gesamte Zeit zum Arbeiten einplant. Gleichzeitig ist man wesentlich weniger gestresst und hat nicht ständig ein schlechtes Gewissen, weil man die gesetzten Ziele auch erreichen kann.

Die Festsetzung einer absolut unumstößlichen Freizeit ist ein erster Schritt in diese Richtung. Es tut gut zu wissen, dass man nach dieser Uhrzeit jedenfalls frei hat und wenigstens dann nicht denken muss: „Eigentlich könnte ich ja gerade am Schreibtisch sitzen." Arbeitszeit ist Arbeitszeit. Freizeit ist Freizeit. Punkt.

Selbstbindung durch Commitment Devices

Die nachfolgenden drei Ansätze sind sogenannte Commitment Devices. Sie lösen das Problem der Akrasia, indem sie künstlich den Anreiz verstärken, die bei vernünftiger Betrachtung als besser bewertete Handlung auszuführen, indem sie eine zusätzliche Belohnung in Aussicht stellen oder eine Sanktion androhen. Ein Punkt ist bei allen drei Ansätzen unbedingt zu beachten: Ihr solltet euch immer ganz niedrigschwellige Ziele setzen, also euch z.B. vornehmen, jeden Tag nur 2 Pomodoro-Einheiten lang zu lernen, anstatt direkt 16. Es sollte euch leichtfallen, das Ziel jeden Tag zu erreichen. Überforderung schadet nur. Wir überschätzen häufig, wie viel wir in einer einzigen, langen Sitzung geschafft bekommen, und unterschätzen, wie schnell wir mit vielen kleinen Schritten unsere Ziele erreichen können. Nehmt euch also anfangs nicht zu viel vor. Wenn es dann gut läuft, könnt ihr ja mehr arbeiten als ihr müsst und euch mit der Zeit höhere Ziele setzen.

Don't break the chain

Eine zumindest für den Anfang sehr gute Technik ist die Don't break the chain-Technik. Sie funktioniert so:

1. Ihr überlegt euch, welche Handlung ihr ab heute jeden Tag (abgesehen vielleicht vom Wochenende) ausführen werdet. (Denkt dabei daran, euch kleine Ziele zu setzen!)
2. Ihr druckt euch einen Kalender aus, auf dem sämtliche Tage eines Jahres zu sehen sind (Entsprechende Vorlagen könnt ihr euch zum Beispiel unter goo.gl/DpL4du erstellen.) und klebt ihn direkt über euren Schreibtisch, wo ihr ihn immer im Blick habt.
3. An jedem Tag, an dem ihr die jeweilige Handlung ausgeführt habt, nehmt ihr einen fetten roten Textmarker und streicht den Tag durch. Euer Ziel ist es, die Kette, die ihr dadurch anfangt, nicht abbrechen zu lassen.

Die Technik ist einfach, aber effektiv. Achtet darauf, nicht zu viele Kalender gleichzeitig zu führen, sondern konzentriert euch für den Anfang auf ein für euch wichtiges Ziel – z.B. eben 2 Pomodoro-Einheiten lernen pro Tag.

Accountability Partner

Sucht euch einen Freund (am besten einen, der dasselbe Problem hat wie ihr) und trefft mit ihm eine Vereinbarung. Zum Beispiel:

- „Wir treffen uns jeden Morgen um 9 Uhr vor der Bibliothek und gehen erst rein, wenn wir beide da sind, egal wie lange das dauert." Wer weiß, dass der andere auf ihn wartet, hat einen guten Grund, pünktlich vor Ort zu sein. So kann man es nicht vor sich selbst rechtfertigen, morgens noch eine halbe Stunde länger auf Facebook, Instagram und Co. zu verschwenden.
- „Wenn ich dir bis morgen nicht den ersten Entwurf der Hausarbeit zum Korrekturlesen geschickt habe, bekommst du von mir 50 €."
- „Wenn bis Freitag die Strafrechtskarteikarten nicht überarbeitet sind, bekommt der erste, der sich darüber beschwert, 100 €."[25]
- „Spätestens um 23:30 Uhr wird geschlafen. Unmittelbar vorher schicken wir uns eine SMS. Kommt die Nachricht nicht oder zu spät an, schuldet man dem anderen 5 €." Das habe ich tatsächlich eine ganze Weile lang mit einem Freund durchgezogen (zur Belustigung der anderen in unserem Freundeskreis):

---

[25] So verkündet auf der Basiskarten-Facebookpage: goo.gl/7Wfx5u.

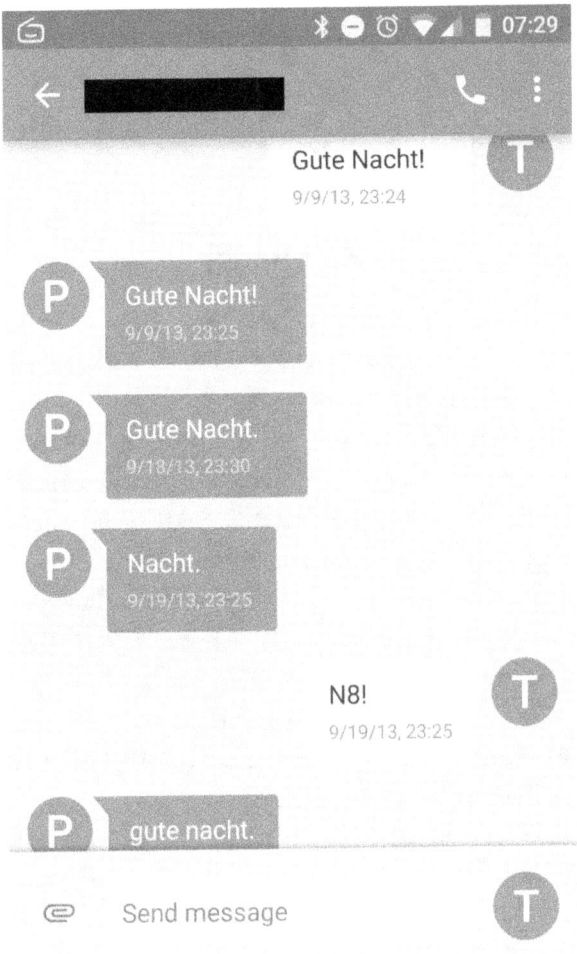

Übrigens, 22:00 Uhr ist das neue 23:30 Uhr.

Beeminder

Falls euch das noch nicht strange genug war, habe ich jetzt genau das richtige für euch: *Beeminder* ist ein amerikanisches Unternehmen, mit dem ihr Vereinbarungen wie die gerade genannte treffen könnt, falls alle eure Freunde Loser sind, die bei sowas nicht mitmachen wollen, oder ihr das Ganze noch professioneller und verbindlicher gestalten möchtet.

Das Prinzip funktioniert so: Ihr trefft mit Beeminder eine Vereinbarung (z.B. ab jetzt dreimal pro Woche laufen zu gehen) und teilt es dem Unternehmen jedes Mal, wenn ihr euer Soll erfüllt habt, per App oder über die Website mit. Falls ihr das nicht tut, belastet Beeminder eure Kreditkarte mit einem Betrag eurer Wahl. Wird das Geld für irgendeinen guten Zweck gespendet? Nein. Wie gefällt euch das? Wahrscheinlich nicht so gut, weshalb ein starker Anreiz besteht, diese negative Konsequenz zu vermeiden. In der (veränderbaren) Standardeinstellung ist es so, dass, nachdem ihr euch einmal nicht an die Vereinbarung gehalten habt, anschließend ein höherer Betrag als Damoklesschwert über eurem Kopf schwebt, sodass ihr noch motivierter sein solltet, euch in Zukunft daran zu halten. Natürlich könnt ihr jederzeit aussteigen, falls euch das Ganze irgendwann zu geistesgestört wird.

LERNAPOTHEKE FÜR JURISTEN • 69

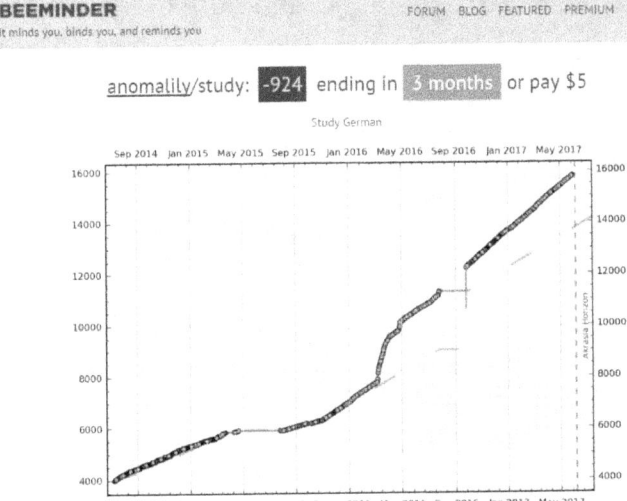

Beeminder ist ein sehr komplexes System, das man für alle möglichen Ziele einsetzen kann (mehr Sport, mit dem Rauchen aufhören, mehr Texte schreiben etc.) und mit vielen anderen Apps oder Geräten verknüpft werden kann (z.B. mit Smartwatches, die eure Schritte tracken, oder einer Software, die automatisch die Anzahl der Wörter übermittelt, die ihr geschrieben habt).

Nicht zuletzt veröffentlicht das Beeminder-Team immer wieder ebenso tiefsinnige wie unterhaltsame Blogposts zu Themen wie Produktivität, Akrasia und Commitment Devices unter blog.beeminder.com. Zudem ist es auch einfach sehr lustig und schlagfertig:

Ich schrieb per E-Mail am 9.3.2016 um 00:41 Uhr:

> *At this point I also want to add that I just realized how utterly weird it is that at 27 years old I send e-mails at night to a company that resides on another continent in order to explain why I couldn't go to bed at 22pm. I love it!*

Antwort des Beeminder-Teams am 9.3.2016 um 01:07 Uhr:

> <company in other continent raises eyebrow>
>
> 10pm tonight, young man.

Solltet ihr bei einem ersten Date erzählen, dass ihr eure Zubettgehzeit mit Beeminder loggt und jetzt langsam nach Hause müsst, damit euch das Unternehmen nicht eine $5 Strafe auferlegt? Wahrscheinlich eher nicht. Aber wir reden hier ja über Mittel, mit denen ihr selbst harte Fälle von Prokrastination in den Griff bekommen könnt. Dazu kann es notwendig sein, ungewöhnliche Wege zu gehen und andere Ansätze auszuprobieren, als es euch einfach nochmal fester vorzunehmen. (Diesmal aber echt! Von wegen.)

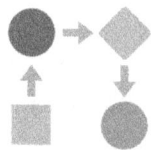

Morgenroutine

You need a routine![26] Irgendwann im Verlauf meines Studiums ist mir aufgegangen, wie wichtig es für mich ist, vor allem morgens eine feste Routine zu haben, die einsetzt, sobald ich aufwache, und endet, wenn ich am Schreibtisch sitze und meine erste Pomodoro-Einheit gestartet habe. Ohne Morgenroutine sieht mein Tag ungefähr so aus:

    08:40 Uhr: Ich wache auf. Anstatt sofort aufzustehen, drehe ich mich noch einmal um und schlafe wieder ein.

    09:20 Uhr: Aufstehen, zweiter Anlauf.

---

[26] Peterson, Jordan, youtu.be/YFeIRVueNRM.

09:21 Uhr:	Sinnloses Rumsurfen auf Reddit und Facebook.
11:21 Uhr:	„Oh, fast schon Mittagszeit! Besser erstmal fertigmachen und essen gehen. Lernen kann ich ja heute Nachmittag noch."

Wenn ich morgens keinen klaren Plan habe, sondern ständig darüber nachdenken muss, was ich als nächstes mache (auch wenn es nur kleine, unbedeutende Entscheidungen sind), ist das anstrengend und ich verlege mich darauf, meinem Drang nach Zerstreuung nachzugeben. Das scheint nicht nur mir so zu gehen. Unter anderem Steve Jobs hat sich irgendwann dazu entschieden, jeden Tag die gleiche Kleidung zu tragen, um morgens nicht Zeit und Energie mit solchen trivialen Entscheidungen zu verlieren. Ganz so weit gehe ich (noch) nicht, aber es war auch für mich sehr hilfreich, mir genau zu überlegen, was ich morgens wann und in welcher Reihenfolge mache. Ich bin so weit gegangen, mir dafür eine Checkliste zu schreiben und auszudrucken, die ich dann jeden Tag Punkt-für-Punkt abgehakt habe. Ja, auch das bringt euch in der sozialen Hierarchie keine Coolness-Punkte ein, aber es hilft. Unter thomaskahn.de/lernapotheke/Morgenroutine.docx könnt ihr euch meine Vorlage herunterladen. Ich habe diese manuelle Checkliste eine Zeit lang durch eine selbstprogrammierte App ersetzt, bin inzwischen aber doch wieder zu der analogen Variante zurückgekehrt, weil mein Handy morgens einfach zu verführerisch ist.

Mir hilft meine Morgenroutine jedenfalls sehr dabei, den Einstieg in den Tag zu finden, weil ich dadurch erst einmal an nichts anderes denken muss, als den jeweiligen Punkt auf der Liste abzuhaken, und dann automatisch irgendwann am Schreibtisch lande, wo ich mit der Arbeit beginnen kann.

Ein guter Tipp, um morgens aus dem Bett zu kommen (und nachts nicht stundenlang Zeit mit sinnlosem Surfen zu verlieren), ist übrigens, das Handy nicht direkt neben dem eigenen Bett aufzuladen, sondern in einer Entfernung, die einen morgens dazu zwingt, aufzustehen, wenn der Wecker klingelt.

Abendroutine

Parallel zur Morgen- braucht jeder anständige Mensch eine Abendroutine. Der mit Abstand wichtigste Punkt auf dieser ist die Planung des nächsten Tages. Man sollte sich am Abend vorher Gedanken machen, was man morgen erledigen möchte, wann gearbeitet wird und wann man frei hat. Wer keinen Plan hat, ist nie fertig – also macht euch gefälligst einen! Idealerweise eben nicht erst morgens, sondern schon am Tag vorher, denn dann könnt ihr am Folgetag direkt mit der Arbeit anfangen und müsst euch nicht mehr nach der Planung noch einmal mühsam dazu überwinden. Das führt leicht zu Prokrastination.

Ein weiterer sinnvoller Punkt auf der Abendroutine-Liste kann sein, eine kurze Aufgabe im Haushalt zu erledigen.[27] (3 Sachen wegräumen oder abwaschen, Spüle putzen etc.). Ich habe festgestellt, dass das dazu führt, dass meine Wohnung mühelos dauerhaft in einem guten Zustand war, anstatt während der Lernphasen immer wieder von absolut aufgeräumt in totales Chaos zu verfallen. Um das zu verhindern, sollten alle Anzeichen von Unordnung sofort beseitigt werden.[28] Das hat auch den Vorteil, dass ihr euch nicht mehr damit herausreden könnt, dass ihr, anstatt zu lernen, unbedingt eure Wohnung putzen musstet. Jaja!

Routinen machen das Leben leichter, weil sie Entscheidungen vorwegnehmen. Ich muss nicht lange darüber nachdenken, was ich wann mache oder ob ich nun anfange zu lernen, weil das schon klar ist. Natürlich dauert es etwas, bis alles so auf Autopilot funktioniert (in der Regel wohl etwa 30 Tage). Anfangs müsst ihr mehr Mühe investieren, damit euch die Routine wirklich in Fleisch und Blut übergeht, aber das ist es auf jeden

---

[27] Jordan Peterson: „Clean your room!", youtu.be/BBR5v89L6gk.
[28] de.wikipedia.org/wiki/Broken-Windows-Theorie.

Fall wert. Mit der Don't break the Chain-Technik und Beeminder habt ihr euch eure neue Morgen- oder Abendroutine im Handumdrehen ~~pawlowsch ankonditioniert~~ angeeignet.

Um gute Routinen zu bilden, ist es übrigens wichtig, darauf zu achten, dass sie einen klaren Anfangspunkt haben, also z.B. „sobald ich wachwerde" oder „wenn ich von der Uni nach Hause komme" oder „um Punkt 18 Uhr" etc. Probiert es aus! Und falls euch das Thema weiter interessiert, ein großartiges Buch dazu ist *The Power of Habit* von Charles Duhigg.

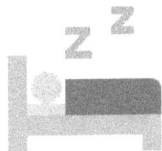

Genügend schlafen

Ich habe schon verschiedentlich davon gesprochen, dass es wichtig ist, darauf zu achten, wann man ins Bett geht. Ob wir ausreichend geschlafen haben, wirkt sich enorm auf unsere Stimmung und Konzentrationsfähigkeit am nächsten Tag aus. Wer zu wenig schläft, wird kaum dazu in der Lage sein, ordentlich zu lernen, selbst wenn er alle anderen Techniken in diesem Buch einsetzt. Dass ich das Thema Schlaf an letzter Stelle erwähne, spiegelt nicht dessen (Un-)Wichtigkeit wieder, sondern ist eher dem Umstand geschuldet, dass dazu (in unserem Kontext) einfach relativ wenig zu sagen ist. Fest steht auf jeden Fall, dass ihr genug Schlaf braucht. (Konzepte wie die Uberman-Technik, die die Schlafzeit verkürzen sollen, indem man alle vier Stunden 20 Minuten schläft, sind Unsinn.[29] Polyphasischer Schlaf funktioniert nicht.) Die meisten Menschen benötigen ca. 7,5 Stunden reine Schlafzeit bzw. ca. 8 Stunden, wenn man die Zeit zum Einschlafen mitberücksichtigt. Das sollte euer Ziel sein. Um euch daran zu halten, könnt ihr verschiedene der

---

[29] Wozniak, Piotr, www.supermemo.com/help/faq/polyphasic.htm.

in diesem Kapitel erwähnten Techniken verwenden. Probiert einfach aus, was für euch passt. Vielleicht braucht ihr ja auch gar keine Technik, um einen guten Schlafrhythmus hinzubekommen. Es soll ja Leute geben, die insofern keine Probleme haben und einfach schlafen gehen, wenn sie müde sind. Ich tue das leider nicht. Wenn ich mir keine klaren Regeln setze (→ Beeminder), bleibe ich trotz Müdigkeit lange wach und lese oder surfe im Internet. Das rächt sich dann am nächsten Tag.

KAPITEL 7

Meine eigene Examensvorbereitung

Das folgende Kapitel war ursprünglich nicht Teil der Lernapotheke, aber da E-Books ja beliebig erweitert werden können und mehrere Leser Interesse an diesem Thema bekundet haben, gebe ich gerne Auskunft, wie meine Examensvorbereitung damals abgelaufen ist. Anders als die übrigen Kapitel dieses Buchs würde ich aber nicht alles davon unbedingt weiterempfehlen. Dieses Kapitel ist deshalb in erster Linie als Erfahrungsbericht gedacht.

Beginn und Dauer

Mit der Vorbereitung auf den Pflichtteil habe ich erst in meinem 8. Fachsemester begonnen (Ende 2011). Ich hatte da gerade mein Schwerpunktexamen erfolgreich hinter mich gebracht und war optimistisch, dass ich die Vorbereitung auf den Pflichtteil auch in Eigenregie gut hinbekommen würde. Bis ich schließlich ins Examen gegangen bin, hat es dann allerdings noch fast zweieinhalb Jahre gedauert (März 2014), weil ich zweimal geschoben habe. Gesamtstudienzeit: 14 Semester. Dass ich zweimal geschoben habe, lag vor allem daran, dass ich im ersten Jahr viel Zeit darauf verwendet habe, neue Techniken und Programme auszuprobieren und zum Teil auch selbst zu entwickeln. Damit habe ich fast ein ¾ Jahr verbracht. Ich hatte ursprünglich den Eindruck, dass das notwendig sei, um ein brauchbares Lernsystem für mich zu finden. Zwischendrin war ich mir aber alles andere als sicher, ob das eine gute Idee war. Gott sei Dank hat dann am Ende alles geklappt. An der Stelle muss ich auch wirklich meinen Eltern Danke sagen, dass sie das mitgemacht und mir da vertraut haben.

Bewertung aus heutiger Sicht: Falls möglich, sollte man nicht erst so spät damit anfangen, eine Lernstrategie für sich zu entwickeln. Dafür ist das Studium da, speziell die Anfangssemester – und nicht die Examensvorbereitung. (Aber natürlich besser spät als nie!) Es ist sicher auch weder erforderlich noch jedermanns Sache, sich so grundlegend mit diesen Dingen auseinanderzusetzen. Aber das ist ja jetzt auch nicht mehr nötig, denn inzwischen gibt es die Lernapotheke ja. :-)

Rep ja oder nein?

Ich habe mir ein Repetitorium anfangs kurz angeschaut, mich dann aber dagegen entschieden, obwohl ich die Dozenten und Unterlagen ganz gut fand. Zu der Zeit hatte ich mich gerade zum ersten Mal intensiv mit Spaced Repetition Programmen auseinandergesetzt, weshalb mir sehr bewusst war, dass ich den Stoff, den mir der Repetitor im Unterricht erklärt, ja später doch wieder selbstständig wiederholen muss, um ihn zu behalten. Und weil ich wusste, dass die effizienteste Art der Wiederholung eben Spaced Repetition Programme wie Anki sind, dachte ich mir, dass es sinnvoller ist, wenn ich den Stoff sofort selbst auf digitale Karteikarten übertrage, anstatt ihn mir erst noch einmal von dem Repetitor anzuhören. Deshalb stand recht schnell für mich fest: Ich mache Examen ohne Rep.

Ob das auch für dich der richtige Weg ist, kannst nur du selbst entscheiden. Wenn du gute Dozenten hast und brauchbare Skripten bekommst, kann ein Rep sicher sein Geld wert sein. Außerdem hat man dort in der Regel Freunde um sich, mit denen man sich vergleichen und besprechen kann, ob man der einzige ist, der dieses bestimmte Problem gerade nicht kapiert. Das ist sehr beruhigend (vorausgesetzt man ist nicht ständig der Einzige :-D). Die Examensvorbereitung alleine (ich hatte auch keine Lerngruppe) kann bisweilen sehr einsam sein. Aber sie bietet eben auch die größte Freiheit und in meinem Fall war das sicher die richtige Entscheidung.

Du solltest dir zumindest ernsthaft darüber Gedanken machen, ob eine Vorbereitung auf eigene Faust nicht auch für dich in Betracht kommt, anstatt automatisch zum Repetitor zu rennen. Ich kann aus eigener Erfahrung sagen, dass das machbarer ist, als es vielen anfangs erscheint. Und es besteht ja auch keine Pflicht, ausschließlich aus Büchern zu lernen, so wie ich das getan habe. Durch den zunehmenden Ausbau der Uni-Reps kannst du zusätzlich einzelne, besonders gute Kurse kostenlos besuchen und eine private Lerngruppe ersetzt den sozialen Kontakt mit Rep-Kollegen. Auch wenn die Vorbereitung alleine sicher mehr Planungsaufwand für dich bedeutet, kann sie sehr lohnend sein. Und wenn du es damit tatsächlich schaffst, ist das ein weiteres Erfolgserlebnis für dich!

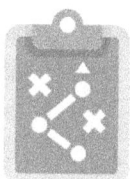

Meine Examensstrategie

Während meiner Examensvorbereitung habe ich einige Pläne gemacht und wieder verworfen, aber meinen grundsätzlichen Ansatz finde ich immer noch gut: Ich habe mir zunächst angeschaut, welche Fächer für das Examen relevant waren, Literatur dafür rausgesucht, die Anzahl der Seiten addiert und mir dann überlegt, wie viel ich pro Tag lesen und zusammenfassen muss, um damit durchzukommen und auch noch genug Zeit zu haben, um alles zu vertiefen. Meine ursprüngliche Vorlage dafür könnt ihr unter thomaskahn.de/lernapotheke/Examensfaecher.xlsx herunterladen. Später habe ich diese unter basiskarten.de/examen-ohne-rep noch einmal deutlich erweitert und mit einer umfangreichen

Auswertungsfunktion versehen. In jedem Fach gab es bei mir eine Erarbeitungsphase, in der ich die Grundstrukturen erfasst und in Anki eingegeben habe, und eine Vertiefungsphase, in der ich mir noch einmal die Probleme und Streitstände dieses Fachs genau angeschaut und Dinge, die ich nicht verstanden hatte, nachgearbeitet habe. In der ersten Phase hatte ich mir immer schon eine solche Liste mit den verschiedenen Problemen inklusive deren Randnummern erstellt. Die habe ich dann in der Vertiefungsphase nachgearbeitet. Parallel habe ich natürlich meine Anki-Karteikarten wiederholt und Klausuren geschrieben, aber erst später, weil ich anfangs den Eindruck hatte, dass ich den Stoff noch nicht ausreichend beherrsche, um damit in einer Klausur zurechtzukommen.

Eine typische Woche

Gearbeitet habe ich in der Regel sechs Tage die Woche. Unter der Woche habe ich neuen Stoff erarbeitet oder vertieft und samstags eine Klausur geschrieben. Den Sonntag habe ich mir immer komplett freigehalten.

Mein tägliches Lernpensum habe ich im Laufe der Zeit immer weiter gesteigert. Wie bereits erwähnt ging das erste ¾ Jahr meiner Vorbereitung überwiegend für Experimente und Programmierung drauf. Erst ab Mitte August 2012 hat sich ein stabiles Niveau eingependelt und zwar bei 12 Pomodoro-Einheiten pro Tag (12 * 25 min = effektiv 5 h Arbeit). Hier das Ganze als Übersicht:

Zeitabschnitt	Dauer	Einheiten pro Tag	Effektive Lernzeit
Jan 12 - Aug 12	7,5 Monate	unregelmäßig	?
Aug 12 - Jan 13	5,5 Monate	12	5 h
Feb 13 - Jan 14	12 Monate	15	6 h 15 min
Februar 2014	1 Monat	19	7 h 55 min
März 2014	-	Examen	-

15 Einheiten pro Tag sind viel, aber in der Examensvorbereitung okay. 19 Einheiten hingegen waren kurz vor meiner Belastungsgrenze. Auf Dauer hält man (halte ich) dieses Pensum nicht durch. 12 Einheiten finde ich zumindest während des Studiums eigentlich ideal, weil dann auch noch genug Freizeit bleibt und man sich gut erholen kann. Man darf das nicht unterschätzen: Auch wenn sich fünf Stunden nicht nach viel Zeit anhören, sind viele damit anfangs überfordert, weil es eben wirklich konzentrierte Arbeit ist. Man sollte sich dem Ziel dann langsam annähern – am besten natürlich schon zu Beginn seines Studiums und nicht erst in der Examensvorbereitung.

Meinen Tag habe ich jeweils damit begonnen, die Karteikarten zu wiederholen, die Anki mir vorgesetzt hat. Je mehr Stoff ich schon erarbeitet hatte, desto mehr Karten wurden natürlich pro Tag fällig, weshalb ich immer mehr Zeit für die Wiederholung aufwenden musste. Anfangs waren das nur ein paar Minuten, später bis zu 3 h jeden Tag (und montags das Doppelte). Solche langen Wiederholungseinheiten sind äußerst anstrengend, ganz besonders, wenn die eigenen Karten nicht nach den in Kapitel 4 geschilderten Regeln erstellt wurden, was bei mir zumindest im ersten Jahr auch regelmäßig der Fall war. Trotzdem überwiegen aus meiner Sicht klar die Vorteile dieses Ansatzes: Durch die Arbeit mit Anki konnte ich mir sicher sein, dass ich alles, was ich einmal gelernt habe, auch behalte. Ich brauchte mir keine Sorgen zu machen, dass ich irgendein Fach vernachlässige, und ich musste mir nicht für die unzähligen Einzelthemen in unserem Fach einen Wiederholungsplan erstellen, an den sich sowieso niemand hält. So habe ich in der Vorbereitung auf mein erstes Staatsexamen insgesamt etwa 8.000

(allerdings oft sehr kurze) Karteikarten erstellt und auch dauerhaft wiederholt. Das hat sich ausgezahlt: Vor dem Examen hatte ich eine Erinnerungsrate zwischen 85 und 97% (je nach Fach). Das hat mir wirklich Sicherheit gegeben.

Auswertung meiner Aufzeichnungen

Da ich seit Januar 2012 – also fast seit Beginn meiner Examensvorbereitung – mit meinem Pomodoro-Programm Zeitform arbeite, verfüge ich über Logs zu jeder einzelnen Lerneinheit, die ich in diesem Zeitraum absolviert habe. Dadurch kann ich euch hier die wahrscheinlich detaillierteste Examensvorbereitungsauswertung präsentieren, die es je gegeben hat.

Zu den Lerneinheiten, die von Zeitform geloggt wurden, müssen noch zwei Positionen hinzuaddiert werden: Die Zeit, die ich mit dem Schreiben von Klausuren verbracht habe, und einige Treffen mit meiner Lerngruppe für die Mündliche, denn für diese beiden Positionen existieren natürlich keine Logs. Tut man das, ergibt sich folgendes Bild:

Aufgabe	Anzahl	Stunden
Lerneinheiten	6451 Einheiten (je 25 min)	2687,92
Klausurenschreiben	30 Klausuren (je 5 h)	150
Lerngruppe Mdl.	8 Treffen (je 2 h)	16
Gesamt	-	**2853,92**

Folglich habe ich für meine Examensvorbereitung insgesamt 2853,92 Stunden aufgewandt. Dabei handelt es sich um reine Arbeitszeit, d. h. in diesen Stundenangaben sind keinerlei Kaffee-, Mittags- oder sonstige

Pausen enthalten. Vermutlich liegt die wirkliche Arbeitszeit sogar noch etwas über dieser Zahl, da mein Programm ausschließlich solche Einheiten mitzählt, die auch erfolgreich abgeschlossen wurden, *denn es gibt keine halben Einheiten!* Umgerechnet sind das bei einer effektiven (!) Arbeitszeit von 6 Stunden täglich ca. 476 Arbeitstage bzw. 68 Wochen (bei 6 Arbeitstagen pro Woche) bzw. 1 Jahr und 2,5 Monate ohne Ferien, Feiertage etc. Dass ich insgesamt deutlich länger gebraucht habe (ca. 2 Jahre und 2 Monate), führe ich vor allem darauf zurück, dass ich im ersten ¾ Jahr meiner Vorbereitung eben nur unregelmäßig gelernt habe (und danach zunächst auch nur effektiv 5 Stunden pro Tag).

Schauen wir uns nun zunächst an, wie viel Zeit ich jeweils für die verschiedenen Rechtsgebiete aufgewandt habe. (In den Stundenangaben sind die Klausur- und Lerngruppenzeiten bereits eingerechnet.)

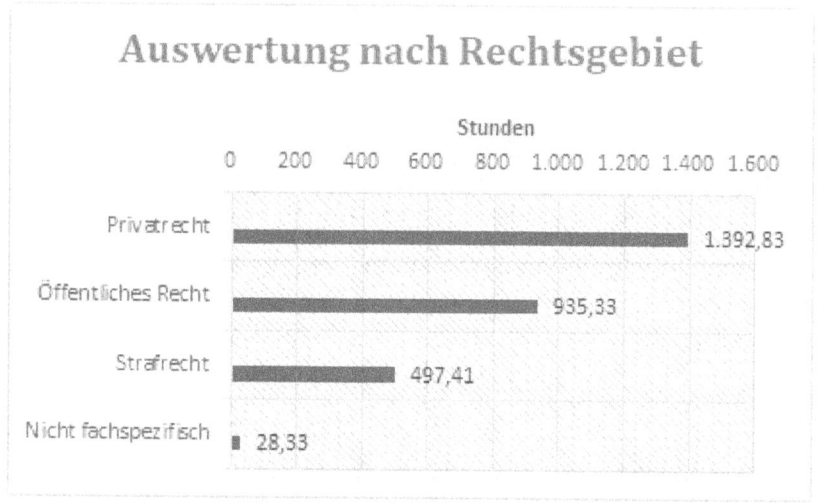

Da ich im ersten Staatsexamen 3 Klausuren im Zivilrecht, 2 im Öffentlichen Recht und 1 im Strafrecht geschrieben habe, scheint mir der Arbeitsaufwand für die verschiedenen Fächer sehr angemessen verteilt. Unter die nicht fachspezifischen Aufgaben fallen übrigens z.B. Planung, Literaturauswahl und andere Organisationsaufgaben wie das Ausfüllen der Anmeldung für das Examen etc.

Wenn ich meine Aufzeichnungen danach auswerte, mit welchen Tätigkeiten ich genau meine Zeit verbracht habe (z.B. Rechtsgebiete erarbeitet/vertieft, Karteikarten wiederholt etc.), ergibt sich folgendes Bild:

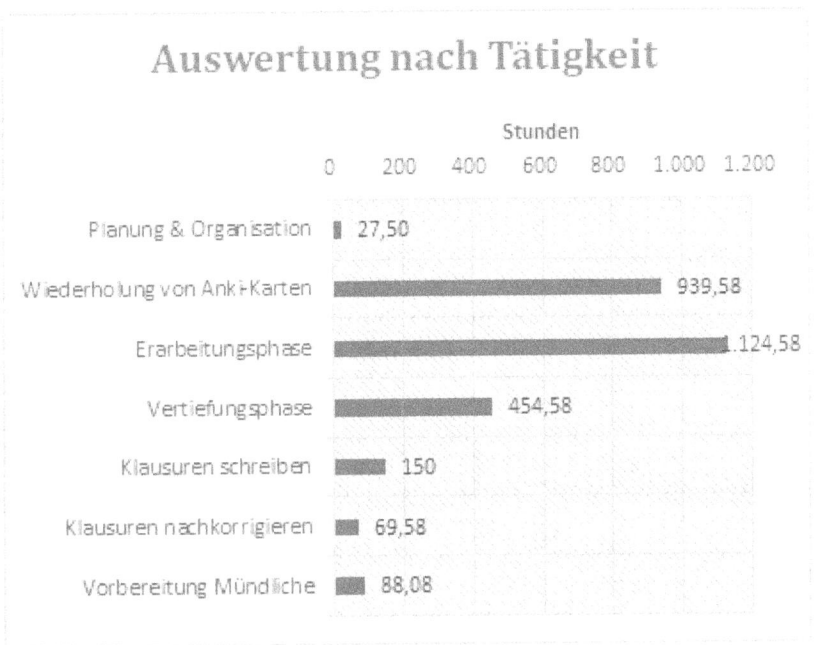

Auffallend ist hieran vielleicht, dass die Wiederholung von Karteikarten einen so großen Teil der Arbeitszeit ausmacht. Nach allem, was ich über Lernpsychologie weiß, halte ich das aber für gut und richtig. Ohne diese Wiederholung kann es eben passieren, dass die enorme Anstrengung, die du in die Erarbeitung der Rechtsgebiete investierst, einfach wirkungslos verpufft.

Ebenfalls könnte es einige wundern, dass ich tatsächlich mehr als 24 Arbeitsstunden allein für die Planung aufgewandt habe. Ich wundere mich ehrlich gesagt darüber, dass es nicht noch mehr ist. Wahrscheinliche habe ich da nicht so streng darauf geachtet, nur innerhalb einer Einheit zu arbeiten, und auch außerhalb dieses Rahmens geplant. In jedem Fall war das ebenfalls gut investierte Zeit. Es ist wichtig, immer wieder zu überprüfen, ob der eigene Plan noch realistisch und umsetzbar ist. Notfalls muss man nachkorrigieren und bei weniger relevanten Fächern auf Lücke setzen. Hauptsache man verliert nicht den Überblick. Der Satz „If I had six hours to chop down a tree, I'd spend the first four hours sharpening the axe." (Abraham Lincoln) geht vielleicht etwas zu weit, aber es ist etwas Wahres daran.

Schließlich habe ich fast 70 h mit dem Nachkorrigieren von Klausuren zugebracht, d. h. gute 2 h pro Klausur. Das ist auch absolut sinnvoll. Mehr dazu im nächsten Abschnitt.

Übungsklausuren: Die Geißel des Jura-Studiums

Ein Quell ewiger Freude sind für viele Studenten die Übungsklausuren. In der Examensvorbereitung bilden zwei Faktoren eine unheilige Allianz:

1. Die meisten strengen sich in dieser Phase so sehr an, wie noch nie in ihrem Leben. Sie investieren besonders viel Zeit und Mühe in ihr Studium. Subjektiv hat man dadurch das Gefühl, unmöglich noch mehr tun zu können als ohnehin schon.
2. Obwohl man in vielen Bereichen noch Lücken hat, beginnt man schon mal damit, Klausuren zu schreiben. Die fallen deshalb zumindest zu Beginn oft alles andere als berauschend aus.

Die Kombination aus maximaler Anstrengung und konstanten Versagenserlebnissen ist psychologisch eine hervorragende Garantie für Depression. Immerhin kann man sich in dieser Zeit darauf verlassen, dass die Korrektoren Verständnis für die eigene Situation haben, da sie das ja auch selbst alles durchgemacht haben. Deshalb behandeln sie die

Studenten in dieser Zeit sicher besonders behutsam, um deren Gefühle nicht unnötig zu verletzen, r-richtig? *Falsch!*

Ihre Klausur entspricht nicht der gängigen äußeren Form von Examens-klausuren.
Sie schreiben inhaltlich kein Gutachten, sondern ein Urteil.
Sie erkennen die Probleme des Falles nicht oder behandeln diese nicht in der erforderlichen Art und Weise.
Eine völlig unbrauchbare Leistung

    0 Punkte (null)
TR

Autsch.

Hallo Herr Ehrenstein,

was Sie hier abliefern, ist *kein* Gutachten, sondern
eine Aneinanderreihung von Behauptungen im
Urteilsstil.

Ihr Aufbau ist völlig unsystematisch (Wieso z.B. sprechen Sie die Mittäterschaft 2x an?!) und unsauber.

Ihre Argumentation ist quasi nicht vorhanden und Ihre Subsumtion höchstens noch mittelmäßig.

Daher nur

> *3 Punkte*
> *(mangelhaft)*
> *JK*

Oh boy.

Rückmeldungen wie diese sind nicht allzu selten. Wie geht man nun damit um? Zunächst, indem man sich vergegenwärtigt, dass das in unserem Studium einfach dazugehört, und sich klarmacht, dass es okay ist, solche Ergebnisse zu bekommen. Beide Klausuren stammen von mir. (Die zweite habe ich unter dem Pseudonym Albert Ehrenstein geschrieben.) Daraus folgt also nicht, dass man kein ordentliches Examen mehr machen kann.

Als nächstes darf man daraus auch nicht automatisch den Schluss ziehen, dass man – bezogen auf die eigene Lernstrategie; in der Klausur wohl schon ;-D – etwas falsch gemacht hat. Das ist kontraintuitiv, da in der Regel der eigene (Miss-)Erfolg ja unmittelbar etwas damit zu tun hat, wie wir uns vorher angestellt haben. In unserem Fach ist das leider nicht so. Man kann eine optimale Lernstrategie verfolgen und trotzdem immer mal wieder eine schlechte Note kassieren. Der Stoff in unserem Studium ist zu unüberschaubar, um alles perfekt zu beherrschen. Damit umzugehen und nicht daran zu verzweifeln, müsst ihr lernen. Es geht uns allen so.

Schließlich müsst ihr euch natürlich intensiv damit auseinandersetzen, was genau in der Klausur falsch gelaufen ist. Die Nacharbeit ist vielleicht die wichtigste Phase des Klausurschreibens, weil man daraus am meisten lernt. Wenn ihr darauf verzichtet, verpasst ihr das Entscheidende und wiederholt dieselben blöden Fehler immer weiter. Das ist dann wirklich vermeidbares Leid. Deshalb macht euch folgendes klar: Man darf jeden noch so dummen Fehler einmal machen – aber nicht zweimal! Arbeitet eure Klausuren also gefälligst gewissenhaft nach, ganz besonders die, in denen ihr so versagt habt wie ich in den obigen beiden. :-D

> Für die Basiskarten Jura-Facebook-Seite sammle ich übrigens besonders unterhaltsame Klausurbewertungen und Kommentare (also solche wie die beiden obigen oder auch solche vom Typ: „Guter Stil, sehr schöner Aufbau und Argumentation zu Aufgabe 2. Im Ergebnis saubere fünf Punkte!"). Wer uns da an seinem Leid (anonym) teilhaben lassen möchte, kann mir gerne eine E-Mail an thomas@basiskarten.de schicken oder mich bei Facebook anschreiben. Dafür erhältst du einen Basiskarten-Stapel deiner Wahl kostenlos!

Wie genau lief das nun bei mir mit den Übungsklausuren in der Examensvorbereitung? Ich habe im Mai 2013 (etwa acht Monate vor meinem Staatsexamen) damit begonnen, Klausuren zu schreiben. In aller Regel habe ich dazu samstags am Klausurenkurs meiner Uni teilgenommen und dann später auch an einem Repetitorien-Klausurenkurs. Insgesamt habe ich 30 Klausuren geschrieben: 17 im Zivilrecht, 7 im Ö-Recht, 6 im Strafrecht.

Ich habe immer darauf geachtet, die Klausuren unter Examensbedingungen zu schreiben – also nach fünf Stunden pünktlich abgegeben und beim Schreiben keine Literatur zur Hilfe genommen. Das würde ich euch auch empfehlen, damit ihr euch daran gewöhnt, wie es später im Examen läuft.

Für mein Zweites habe ich häufiger auch einfach Klausuren gelöst, ohne sie auszuformulieren. Im Vergleich mit der Lösungsskizze sieht man ja, wo man selbst falsch abgebogen ist und kann seine Schlüsse daraus ziehen. Ganz vernachlässigen sollte man das Ausschreiben von Klausuren aber nicht. Wer wie ich nur noch selten einen Stift in die Hand nimmt, für den sind fünf Stunden Schreibarbeit doch ziemlich ungewohnt. Außerdem lernt man dadurch auch, die Zeit richtig einzuschätzen. (Wie lange brauche ich noch, um alles runterzuschreiben? Wie breit kann ich meine Argumente ausführen?)

Eine Behauptung, die man gelegentlich liest, ist, dass der eigene Examensschnitt in der Regel dem Durchschnitt in den Übungsklausuren entspricht. Diese Theorie hat sich in meinem Fall definitiv nicht bestätigt. Im ersten Examen lag ich schriftlich mehrere Punkte über dem Durchschnitt aus meinen Übungsklausuren, im zweiten ein gutes Stück darunter.

Drei Aufsätze zum Thema Klausurtechnik und -stil, die ich empfehlen würde, sind:

1. *Die Strafrechtsklausur – Eine Anleitung zur Lösung von Strafrechtsfällen in Studium und Examen* von Christina Klaas und Prof. Dr. Jörg Scheinfeld in: JURA (Juristische Ausbildung) 2010, 542.
2. *Klausurtechnik und Klausurtaktik* von Karin Fritsche und Prof. Dr. Markus Würdinger in: JA (Juristische Arbeitsblätter), 01/2007, IV-XV.
3. *Stilregeln für Juristen* von Prof. Dr. Christian Hattenhauer, letzte Auflage in: JA, Sonderheft für Erstsemester 2016, 43-46.

Zuhause oder in der Bib?

Für mein Erstes habe ich die meiste Zeit in verschiedenen Bibliotheken gelernt, weil ich mich Zuhause damals noch andauernd abgelenkt habe. Aus demselben Grund war ich auch nur selten in der Bibliothek meiner Jura-Fakultät, weil ich da inzwischen zu viele Leute kannte und mich ebenfalls nicht so gut auf meine Studien konzentrieren konnte (PMC <3). In der Endphase der Vorbereitung war der Druck aber dann groß genug, sodass ich auch Zuhause lernen konnte. Für das zweite Examen habe ich dann nur noch so gelernt, weil ich mir dadurch die Zeit für den Weg zur

Bibliothek und zurück sparen konnte. In der Zeit habe ich mir sogar eine Weile „Essen auf Rädern" kommen lassen, weil ich alle bezahlbaren Pizza-, Döner- und Asia-Läden in der Nähe durchhatte und nicht lange durch die Gegend fahren wollte. An dieser Stelle noch einmal danke an die Johanniter!

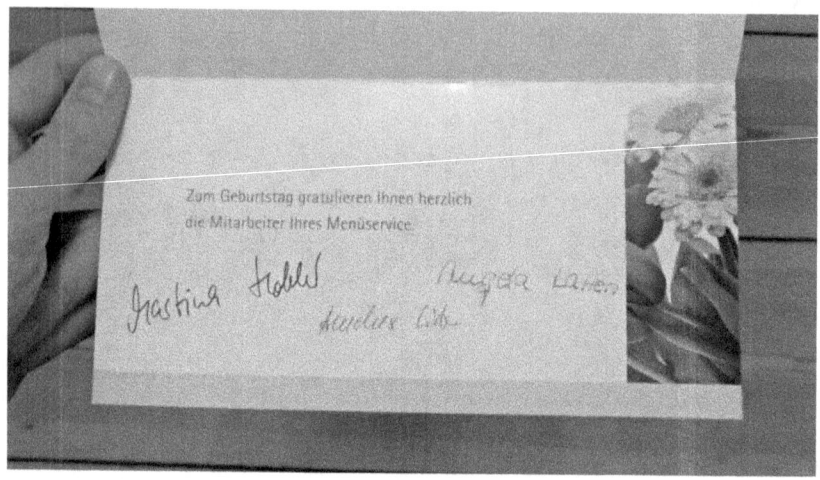

Sehr aufmerksam, diese Johanniter.

Für das Erste würde ich diese Strategie nicht unbedingt empfehlen, da man dann Gefahr läuft, das eigene Haus überhaupt nicht mehr zu verlassen. Im Referendariat ist man ja durch AG und Stationsarbeit immerhin ein bisschen sozial eingebunden. :-D

Gesamtverlauf

Abschließend eine Übersicht über meine Vorbereitung auf das erste Staatsexamen bis zu den schriftlichen Klausuren, in der alle oben genannten Informationen noch einmal enthalten sind:

Monat	Einheiten/Tag	Kommentar
Jan 12	unregelmäßig	Experimentierphase
Feb 12	unregelmäßig	
Mrz 12	unregelmäßig	
Apr 12	unregelmäßig	
Mai 12	unregelmäßig	
Jun 12	unregelmäßig	
Jul 12	unregelmäßig	
Aug 12	unregelmäßig	
Aug 12	12	Beginn der Erarbeitungsphase
Sep 12	12	
Okt 12	12	
Nov 12	12	
Dez 12	12	
Jan 13	12	
Feb 13	15	Steigerung Arbeitspensum
Mrz 13	15	
Apr 13	15	
Mai 13	15	Beginn Teilnahme Klausurenkurs
Jun 13	15	
Jul 13	15	Beginn der Vertiefungsphase
Aug 13	15	
Sep 13	15	
Okt 13	15	
Nov 13	15	
Dez 13	15	
Jan 14	15	
Feb 14	19	Steigerung Arbeitspensum
Mrz 14	-	Examen!

An expert is a man who has made all the mistakes, which can be made, in a very narrow field.

— NIELS BOHR

KAPITEL 8

Was ich noch sagen wollte

Wir sind am Ende dieses Buchs angekommen. Hier noch drei Dinge, die ich euch mit auf den Weg geben möchte:

1. Ebenso wie ihr Medikamente einnehmen müsst, damit sie einen Effekt haben, bringen euch sämtliche hier erwähnten Techniken nur dann etwas, wenn ihr sie auch tatsächlich einsetzt. Dieses Buch hier zu lesen, mag euch kurzzeitig motivieren, davon abgesehen wird es aber keinen dauerhaften Effekt haben, wenn ihr die Informationen nicht auch wirklich nutzt und umsetzt. Beschäftigt euch deshalb ruhig noch einmal mit den drei Produktivitätsfragen (1. Wie schaffe ich es, Wissen dauerhaft zu behalten? 2. Wie gelingt es mir, mich zu konzentrieren? 3. Wie schaffe ich es, regelmäßig zu lernen?) und schaut, in welchen Bereichen ihr noch Probleme habt und welche Techniken euch dabei helfen können.
2. Ich bin davon überzeugt, dass ihr eure Chancen, erfolgreich im Studium zu sein, maximiert, wenn ihr auf diese drei Fragen brauchbare Antworten findet. Eine Erfolgsgarantie ist das leider nicht. Es wird immer wieder so sein, dass ihr trotz größter Anstrengung eine schlechte Note erhaltet, und danach unsicher seid, ob ihr vielleicht falsch gelernt habt. Das kenne ich auch gut. Rechnet mit solchen Rückschlägen, reflektiert anhand der drei Fragen kurz, ob ihr in Zukunft etwas anders machen solltet, und wenn nicht, steht einfach wieder auf und macht weiter. Der Umgang mit genau solchen Erfahrungen macht einen großen Teil der Leistung in unserem Studium aus. Zu einer guten Note gehört oft auch einfach Glück. Unser Ideal sollte deshalb sein, dass wir unser Selbstbewusstsein allein darauf gründen, wie sehr wir uns angestrengt haben und überhaupt nicht auf das jeweilige Ergebnis. Wir können ja nur auf das stolz sein, worauf wir Einfluss haben. Wie hart oder wie effizient ich arbeite, gehört dazu. Wie viel Erfolg ich deshalb habe, nicht. Selbst wenn ihr eine schlechte Note erhaltet, solltet ihr deshalb stolz auf euch sein, wenn ihr euch ehrlich angestrengt habt.
3. Unbedingt notwendig ist allerdings, dass ihr auch die Courage habt, euch wirklich anzustrengen. Es ist sehr bequem (und feige), es niemals richtig zu versuchen, nur damit man sich im

Nachhinein sagen kann: „Wenn ich richtig gelernt hätte, wäre ich noch viel besser gewesen." Das kenne ich auch. Je schneller man diese erbärmliche Denkweise überwindet, desto besser.

Schließlich ein letztes, das nicht nur für das Thema Lernen gilt, sondern aus meiner Sicht in so ziemlich jedem Lebensbereich: Es lohnt sich, die gewohnte Ordnung der Dinge zu hinterfragen und mit verschiedenen Lösungsansätzen herumzuexperimentieren. Ich habe festgestellt, dass der Status Quo oft bei weitem nicht so sicher und gut begründet ist, wie man dies intuitiv annimmt. Durch einen skeptischen Blick kann man gelegentlich ganz andere Perspektiven gewinnen und dadurch neue Lösungsansätze finden. Ein sehr interessanter Aufsatz hierzu ist *The Unreasonable Effectiveness of My Self-Experimentation* von Seth Roberts.[30]

---

[30] www.ncbi.nlm.nih.gov/pmc/articles/PMC2964443.

Geschafft!

Du hast dieses Buch tatsächlich zu Ende gelesen. Gut für uns beide, schätze ich!

Hat dir die Lernapotheke gefallen? Dann gib ihr gerne eine gute Bewertung auf Amazon: :-)

goo.gl/HFyxUc

Oder, falls du mir kritisches Feedback geben möchtest (über das ich mich ebenfalls sehr freue – ich habe dieses Buch daraufhin schon mehrmals überarbeitet), tu das doch über diese kurze Umfrage:

goo.gl/GqkV9b

Vielen Dank!

ÜBER DEN AUTOR

Thomas Kahn

Erstes Staatsexamen an der Johannes Gutenberg-Universität Mainz
Zweites Staatsexamen am Kammergericht Berlin

www.lernapotheke.de
www.basiskarten.de
www.thomaskahn.de